中国保险公司
董事会特征
与治理绩效研究

凌士显◎著

知识产权出版社
全国百佳图书出版单位

图书在版编目（CIP）数据

中国保险公司董事会特征与治理绩效研究 / 凌士显著 . —北京：知识产权出版社，2018.6
ISBN 978-7-5130-5590-1

Ⅰ.①中… Ⅱ.①凌… Ⅲ.①保险公司—企业管理—研究—中国 Ⅳ.① F842.3

中国版本图书馆 CIP 数据核字（2018）第 110467 号

内容提要

中国保险公司治理问题亟待关注。保险业的特殊性是开展保险公司治理研究的逻辑起点和研究主线。本书全面分析了保险业的特殊性及每一特殊性背后所隐藏着的潜在治理风险，探讨了保险公司治理中的利益冲突转化；全面研究了保险公司治理的特殊性，完善了保险公司治理逻辑架构。研究表明，保险公司董事会各项特征对不同的绩效指标具有不同的影响，可以通过完善董事会治理提升保险公司绩效。

责任编辑：阴海燕　　　　　　　　　　责任印制：孙婷婷

中国保险公司董事会特征与治理绩效研究
ZHONGGUO BAOXIAN GONGSI DONGSHIHUI TEZHENG YU ZHILI JIXIAO YANJIU

凌士显　著

出版发行：知识产权出版社有限责任公司	网　址：http://www.ipph.cn
电　话：010-82004826	http://www.laichushu.com
社　址：北京市海淀区气象路 50 号院	邮　编：100081
责编电话：010-82000860 转 8693	责编邮箱：yinhaiyan@cnipr.com
发行电话：010-82000860 转 8101	发行传真：010-82000893
印　刷：北京中献拓方科技发展有限公司	经　销：各大网上书店、新华书店及相关专业书店
开　本：720mm×1000mm　1/16	印　张：13
版　次：2018 年 6 月第 1 版	印　次：2018 年 6 月第 1 次印刷
字　数：200 千字	定　价：45.00 元

ISBN 978-7-5130-5590-1

序

经济学与管理学均是以资源的经济效率和节约为研究宗旨，在分析研究和解决现实问题时，社会科学的专家学者们通常会选择它们作为理论工具，从而形成了经济学与管理学相互补充、相互借鉴、彼此融合的局面。在国家实施"转方式、调结构、促发展"发展战略和现代服务业快速发展的社会经济背景下，服务经济与管理研究领域迎来了前所未有的发展机遇。

服务经济与管理文库的研究成果主要分为三个层面。

第一，服务经济是研究以人力资本等基本生产要素形成的经济结构、增长方式和社会形态。在服务经济时代，人力资本成为经济增长的主要来源，服务经济的增长主要取决于人口数量和教育水平。现代服务经济的发达程度已经成为衡量区域现代化和竞争力的重要标志之一，它是经济发展新的极具潜力的增长点。服务经济作为一种新的经济形式，涵盖了服务业乃至对外服务贸易等广阔的市场经济业态。服务经济越来越得到国家与政府主管部门的高度重视，在国民经济构成中占有极其重要的地位，并且其比重逐渐加大。近些年来，面对国际金融危机、国外需求大幅减弱的外部经济环境，国家正在大力推进经济结构战略性调整，加快发展现代服务业。只有生产要素和人口聚集到相当规模，产生对生产性服务和消费性服务强大的市场需求，才足以支撑服务行业的不断专业化、促进服务经济的发展和服务经济结构的形成。因此，大力发展服务经济是我国产业结构调整升级的主要途径。

第二，服务管理是研究如何在服务竞争环境中对企业进行管理并取得成功。它包括对服务利润链的分析、服务的交互过程与交互质量、服务质量管理中的信息技术、服务业产品营销与制造业产品营销的比较，等等。目前，国内外专家学者开始广泛关注服务管理的实践和理论的研究。在服务竞争的时代，面临服务竞争的各类企业必须通过了解和管理顾客关系中的服务要素来获得持久的竞争优势，这就迫切需要探索适合于服务特性的新的理论和方法作为服务竞争的指导原则。国内外专家学者对服务利润链的解析、服务的交互过程与交互质量、服务质量管理中的信息技术、服务业产品营销与制造业产品营销的比较等研究均有所建树。服务管理涉及企业经营管理、生产作业、组织理论和人力资源管理、质量管理等学科领域的管理活动，更全面、深入地围绕服务管理的理论进行探讨，还要走很长的路和付出更艰苦的努力，还要经过大量的实践过程来总结其活动规律，才能完善系统服务管理学科体系。

第三，服务经济与管理是学科交叉融合的结果，体现了经济发展与理论创新的高度融合。众所周知，经济学是管理学主要的理论基础之一，它为管理学提供研究和分析方法；管理学对于经济学的实际应用起着巨大作用。经济学理论通过管理实践转化为生产力，并为经济学向其他学科领域的拓展起到桥梁作用。基于经济学和管理学内在的互补性和研究领域的相互渗透，经济学与管理学学科融合的趋势越来越明显，由此推动了两个学科的创新与发展。在大力调整经济结构，促进产业结构优化升级，现代服务业快速发展的社会经济发展格局下，服务经济与服务管理的学科融合走在了经济学与管理学学科融合的前沿，推动了该领域的理论创新和应用。

在上述背景下，山东大学（威海）商学院研究团队结合学科建设、人才队伍建设等在经济与管理两大领域的优势，着力推动服务经济与管理学科的发展和融合。服务经济与管理领域的研究和学科发展潜力巨大，易于形成创新成果和服务社会经济发展需要。近些年来，服务经济与管理学科建设取得了长足的进步和良好的发展成效，尤其表现在劳动经济与人力资源管理、投资理财与风险资产定价、旅游与服务管理等研究领域。因此，通过搭建高层次科研平台，进一步提升在服务经济与管理领域的研究实力与水平。我们期望通过推出服务经济与管理研究文库，实现与学界同行的切磋与交流，由此推动服务经济与管理领域学术研究的飞跃。

服务经济与管理文库编委会

2018 年 3 月

目录

引　言

"在钱财的处理上，股份公司的董事为他人尽力……要想股份公司董事们监视钱财用途，像私人合伙公司那样用意周到，那是很难做到的……疏忽和浪费，常为股份公司业务经营上多少难免的弊窦"，这是早在 1776 年，亚当·斯密在《国民财富的性质和原因的研究》中针对股份公司中董事和股东之间利益冲突问题展开的描述，是至今我们能够追溯到的经济学家关于公司治理问题最早的论述。但公司治理问题引起学者们的高度重视却是 200 年之后的事情了。20 世纪 70 年代开始出现的世界范围内的管理者巨额高薪及奢靡的在职消费、大公司治理失败、兼并收购浪潮等公司治理问题引起了社会大众的强烈不满；20 世纪 90 年代英国的罗伯特·马克斯韦尔（Robert Maxwell）商业帝国案例、国际商业信贷银行案（BCCI）等众多公司治理丑闻及 90 年代后期东南亚金融危机的爆发；21 世纪初美国安然（Enron）、世通（WorldCom）等大公司财务丑闻及自 2007 爆发于美国蔓延至全球，至今仍对某些国家和地区影响深重的金融危机；这一连串愈演愈烈的公司治理失败案例刺痛了社会大众的神经，引起了社会、政府、学者及公司股东、高管等群体对公司治理问题的高度关注，公司治理作为一个新兴学科在快速成长壮大。

1975 年"治理结构"（Governance Structure）一词由威廉姆森提出，而"公司治理"（Corporate Governance）一词直到 20 世纪 80 年代中期才被正式提出。从威廉姆森开始，公司治理仅走过了 40 年的历程，但关于公司治理的研究已是硕果累累。公司治理基本理论、治理模式等理论已得到深入研究，并开展了大量实证研究，取得了丰硕的研究成果。但遗憾的是，研究时往往"考虑到金融、保险业的特殊性"而将其从样本中剔除，所以如此众多的公司治理研究成果能否直接运用于金融、保险公司治理，仍有待商榷，需要我们去进一步展开检验。

保险业是现代经济的重要组成部分，是促进经济提质增效升级的高效引擎，将有力促进国家治理体系和治理能力的现代化建设。保险业作为一种风险转移机制，从其经营对象、产品到资产负债结构、契约及国家监管等众多方面与一般公司都存在较大差异，自身特殊性明显。完善的市场经济离不开发达的保险业保驾护航，保险业对一国经济发展和社会稳定具有至关重要的作用。美国自 20 世纪 80 年代以来，数百家保险公司破产，在东南亚金融危机后日本的数家保险公司破产及在此次金融海啸中美国对美国国际集团（AIG）的救助等事实告诉我们，务必重视保险公司的治理，同时这些危机也体现出了对保险公司董事会治理的缺失和董事会行为的失范。我国保险业发展历史短暂、治理基础薄弱、现代保险公司制度并未牢固建立，入世过渡期结束之后，外资保险公司蜂拥而入，这些都对我国保险业发展带来了严峻的挑战，完善治理结构、构建并充实治理机制，切实提升保险业竞争力迫在眉睫。故无论是为了更有力地推动我国经济发展，还是为了保证国家金融和经济环境的安全稳定，以及我国对保险业公司治理研究极度欠缺的客观事实都迫切需要开展保险公司治理研究。

董事会作为公司治理的核心，在保险公司中更是处于核心地位，完善董事会治理在提升保险公司治理能力中处于举足轻重的地位。基于此，本书在深入分析保险业特殊性基础之上，对我国保险公司董事会治理的现状进行了认真考察，基于经典公司治理理论并有机结合保险业特殊性，借助我国各家保险公司 2010 年到 2013 年的经验数据，实证检验了我国保险公司董事会特征对公司绩效的影响。期望通过这项研究能够丰富保险公司治理理论，能为完善中国保险公司治理贡献一己之力，从而提升我国保险公司竞争力，为我国经济的发展更好地保驾护航。

第一章 导 论

从经济层面来讲，国家之间的竞争归根结底为企业之间的竞争，而企业之间的竞争根本于现代企业制度的竞争，现代企业制度的核心是公司治理结构与治理机制。保险公司治理的众多特殊性使得国内外对保险公司治理问题的研究较少，而众多国际大公司的治理丑闻，尤其是 2007 年爆发于美国的金融危机，一次又一次地警示我们必须密切关注金融保险业的公司治理。本章分析了选择中国保险公司治理绩效研究的背景和意义，阐述了本书的研究思路及逻辑结构安排，并对本书采用的主要研究方法及研究内容进行了简要说明，指出了本书可能的创新之处及研究局限。

第一节 选题背景及意义

一、选题背景

完善的公司治理是企业竞争优势之源，是企业可持续增长和发展的制度保证。Shleifer 和 Vishny（1997）认为公司治理的基本问题是"如何确保投资者能够得到其投资的回报"。国内外学者对公司治理相关课题开展了大量深入的研究，并取得了丰硕成果，但是对保险业公司治理的研究成果却寥若晨星、屈指可数。

金融业是现代经济的核心，保险业是金融体系的重要组成部分，是其三大支柱之一。中国加入世界贸易组织（WTO）谈判最后一个堡垒，也是最艰难的环节之一就是中国保险业对外开放问题，这足以说明保险业对一个国家的重要性。2006 年国务院颁布了《关于保险业改革发展的若干意见》（业界称为"国十条"）中明确强调保险业在经济补偿、资金融通和社会管理中的重要职能。2014 年国务院又颁布了《关于加快发展现代保险服务业的若干意见》（业界称之为"新国十条"），文件首次提出了"现代保险服务业"的概念，并从国家治理体系建设角度对保险业进行了顶层设计，进一步明确了保险业发展的总体要求、重点任务和支持政策，为保险业发展指明了方向，提供了政策支持。保险业在金融体系和社会保障体系中的重要地位决定了保险业改革与保险公司治理关系到整个保险业、金融业及国民经济的健康发展，具有全局性影响，对一国经济和金融业安全具有极为重要的作用。

从经济层面来讲，国家之间的竞争归根结底为企业之间的竞争，而企业竞争力的高低取决于治理结构及治理机制建设的完善与否以及治理效率的高低。完善保险公司治理是提升保险公司竞争力的必由之路。国际保险监督官协会（IAIS）早在 2004 年颁布的《保险监管核心原则》中已将"公司治理"监管列为与"市场行为"监管、"偿付能力"监管并重的保险行业监管三大核心之一。2005 年世界经济合作与发展组织（OECD）发布的《保险公司治理指引》中对保险公司治理的特殊性及完善保险公司治理的方法和途径进行了强调。如何建设保险公司治理结构，如何更好地促进保险公司合理、健康、科学的发展，公司治理是根本。入世以后，中国保险业代表金融业[①]首先对外实行市场开放，开始面对国外资金实力雄厚、管理经验丰富的保险市场竞争主体的不断涌入，国内保险市场竞争程度随之加剧。外资保险公司的进入虽然对我国保险业发展带来了先进的保险技术和风险管理经验，但与此同时也给我国年轻的保险业带来了严峻的挑战。我国保险业这只稚嫩的一直在政府怀抱之中的"羊"如何才能与国外有着长期发展历史的"狼"共舞，一时成为业界热议的话题。我国保险业迫在眉睫的任务就是建立完善的现代保险公司治理制度，改革传统体制，尽快向市场化经济型治理转型，让市场在资源配置中发挥决定性作用，切实提升保险业竞争力。所以，完善公司治理结构、构建充实优化治理机制是提升我国保险业经营效率和增强保险业竞争力，使保险业更好地为国家经济发展保驾护航必需而又紧迫的任务。

保险业发展与完善是关系国家经济健康、和谐发展的重要基础和制度保证。"保险业不完善的市场经济不是完善的市场经济"（孙祁祥 等，2009），发达的市场经济离不开发达保险业的支撑，保险业的发展将有力地促进国家经济发展，将对国家金融安全起到决定性作用。回首 1997 年东南亚洲金融危机，21 世纪之初安然、世通等公司的治理丑闻及 2007 年美国金融危机，这些都引起了人们对公司治理的高度关注，更绷紧了人们关注国家金融安全的神经，而保险公司治理

---

① 中国在入世承诺中规定，中国银行业的过渡期为 5 年，而中国保险业的过渡期只有 3 年。

是保证金融业安全的重要组成部分。东南亚金融危机致使日本日产生命、东邦生命等 6 家保险公司相继倒闭，而在美国金融危机中，即使久经岁月磨炼的雷曼兄弟等众多知名投行在也瞬间崩塌；同样面临财务危机，但命运却截然不同的是全球最大的保险集团——美国国际集团（AIG），其从 2007 年第四季度开始经历了五个季度的巨额亏损，五个季度共计亏损 1046.18 亿美元，2008 年在筹资 200 亿美元自救失败之后，最终走上了被政府接管之路，美国政府之所以承担最后贷款人的角色斥 850 亿美元巨资接管 AIG 的根本原因在于保护其数量巨大的投保人的利益（伯南克，2014）[①]。这些真实的案例引起了对金融业尤其是保险公司治理的空前关注。正是在后国际金融危机背景之下，国际保险监督官协会于 2009 年启动了战略调整，以全球统一的监管规则和金融稳定作为中心，展开了新一轮的监管改革，凸显了对保险公司治理的高度重视。

保险业的特殊性是保险公司治理研究的逻辑起点和研究主线（郝臣 等，2011）。保险公司毫无疑问是公司，经典的公司治理理论也适用于保险公司治理，但是保险公司治理不但具有公司治理的共性问题，同时还具有更多的行业特殊性问题，如保险产品的特殊性、资本结构的特殊性、保险契约的特殊性和政府监管的特殊性等。这些特殊性决定了保险公司治理中存在众多潜在治理风险，而治理风险导致利益冲突转化，同时带来众多的治理特殊性。特殊性决定了保险公司治理并不能直接照搬套用已有的经典公司治理理论，因为保险业的特殊性会使其治理结构和治理机制较一般行业表现出不同的特征，在一般行业中作用发挥良好的治理机制在保险业中并不一定有效。正是因为保险业这众多特殊性，国内外学者在进行公司治理研究时，通常"鉴于金融、保险业的特殊性"，在样本选择时将其置之一旁而不再问津，所以至今关于保险公司治理的研究仍缺乏针对保险公司治理特殊性的理论分析和较为完善的实证分析。而这正是面对竞争日益激烈的中国保险业，在转型过程中必须高度关注的问题。只有深入掌握了保险公司的特殊性，才能透彻、全面、系统地进行保险公司治理结构与治理机制特殊性的分析、研究与创新，才能更好地为保险公司治理献计献策。目前，我国保险业处于快速

[①]　前美联储主席伯南克指出，美国国际集团因为其与美国众多企业、美国金融体系、欧洲金融体系及全球性银行都有着密切联系，一旦倒闭则政府及相关部门再也无法掌控金融危机的发展方向，即意味着末日的到来。

发展期，国内外对保险公司治理特殊研究严重不足的现实迫切需要我们开展这方面的研究。

从宏观角度，保险业自 1980 年恢复以来，保费收入从 1980 年的 4.6 亿元增长到了 2016 年的 3.09 万亿元，其发展速度远远超过同期 GDP 增长速度。从市场竞争主体看，从中国人民保险公司独占市场，到中国人民保险公司、中国平安保险公司、中国太平洋保险公司三足鼎立，而目前呈现为群雄逐鹿的态势。在 2001 年入世之后市场竞争主体更如雨后春笋般快速增加，截至 2016 年年底已有 203 家。虽然保险市场主体、保费收入、资产规模都在快速增加，但我国保险业一直采用的是重规模、轻效益，重当前、轻长远，重管制、轻治理的粗放型外延发展模式，致使我国保险公司绝大多数都秉持"赶超发展模式"的思想（孙祁祥等，2009）[①]，各家保险公司仅仅追求保费规模和市场份额，而轻视公司治理。这种数十年沿袭下来的粗放型经营模式，使保险业众多深层矛盾积重难返，行业健康和谐可持续发展面临巨大压力。而这些矛盾的解决，根本上需要借助公司治理来完成。但是，由于我国保险业在过去的数十年间行政型治理占据主导地位（邱艾超 等，2010），同时，金融业在一般公司治理中过去一直以"治理者"的角色出现，而现在要从"治理者"的角色逐步转变为"被治理者"的角色（李维安等，2005），其目前现状是，现代公司治理制度在我国保险公司中并没有站稳根基，而业界较长时间内也根本未曾重视保险公司治理。

虽然，入世以来，保险监管部门和各保险公司都开始重视保险公司治理问题，保险公司治理结构已基本建立，但"形似而神非"。时至今日，保险业无论是内部治理机制中股权结构不合理、股东行为不规范、董事会制度不健全、监事会形同虚设等，还是外部治理机制中资本市场不成熟、法律机制不完备、经理人市场缺失、控制权市场受阻等，这些问题都需要通过公司治理来解决，因为保险业众多深层次矛盾都根源于公司治理的不足（吴定富，2006）。只有建立完善的保险公司治理基制度，中国的保险业才能具有健康快速发展的制度保证。

从企业微观层面分析，我国保险业存在众多问题，如何实现有质量的规模、

[①] 孙祁祥、郑伟等将我国保险业的这种发展模式归结为"赶超发展模式"，并且总结出了其三个重要特征，分别为重规模增长、轻"生态"保护，重引进借鉴、轻自主创新，重市场监管、轻公司治理。

有效益的速度、有可持续的发展，如何更好地保护投保人、被保险人的利益，如何更好地克服信息不对称问题，如何更好地减少代理成本，如何更好地促进保险业发挥其应有的功能，都需要通过保险公司治理来实现。

上述问题只是表象，导致这些问题产生的最根本原因在于我国保险公司治理的不完善。经济发展的需要，改革深入的需要，人民大众的需要，这些都对保险公司治理提出了迫切的需求。因此，需要对保险公司治理进行深入的研究，而因为保险公司特殊性的存在，在进行保险公司治理研究时不能仅仅将经典公司治理理论进行简单套用，而需要我们在理论分析和实证检验基础上，开辟出一条将经典公司治理理论与保险公司治理有机结合的具有较强保险行业针对性的公司治理理论。

本书试图借助于经典公司治理理论，结合保险公司治理特殊性，探讨保险公司治理结构的完善和治理机制的建设问题。在内外部治理机制中，基于数据的可得性以及董事会在公司治理中的核心地位，本书将着重分析保险公司董事会治理，试图厘清董事会特征与保险公司绩效之间的关系。

二、选题意义

本书选题密切结合我国保险业发展所面临的现实瓶颈问题。保险业"国十条"和"新国十条"均明确提出并高度重视保险公司治理的完善和现代保险公司制度的构建，本书的研究将对完善中国保险公司治理具有重要的理论意义和现实意义。

从理论层面看，本书通过对保险业及保险公司治理特殊性的研究，完善了保险公司治理理论，为我国保险公司治理提供理论支持。通过对保险公司治理的研究，在完善公司治理理论的同时，也获得了很多其他不分行业的研究所不能观察到的现象，从而丰富了公司治理理论，且此项研究在一定程度上弥补了国内外保险公司治理特殊性研究和保险公司董事会研究不足的现状。

从现实层面看，国际上金融业公司治理的失败向保险公司治理提出了迫切要求。近几年来我国保险业治理改革在逐步推进，无论国家宏观层面还是保险业中观层面及保险公司微观层面都极为重视公司治理结构的完善、治理机制的构建和现代保险公司制度的建设。本书试探性地结合保险公司治理的特殊性对保险公司治理理论进行了较为深入的分析，并结合保险公司治理的实践检验了保险公司董事会治理与公司绩效间的关系，从而为我国保险公司治理实践的推进提供实证依据。同时，通过剖析保险公司治理中目前所存在的问题，找出症结所在，为加强保险公司治理提出有针对性的改进策略，以期能提升保险公司治理效率和保险公司竞争力，更好地保护股东和广大债权人（投保人）的利益。期望通过理论研究和实证检验，为我国保险公司治理的完善提供帮助。最终为完善我国保险公司治理献计献策，更好地服务于我国的经济建设。

第二节　逻辑思路及研究方法

一、研究思路与逻辑结构

（一）研究思路

本书基于保险业的特殊性深入分析了保险公司治理的特殊性，并借助我国保险公司2010年到2013年治理数据对其董事会特征与公司绩效关系展开实证研究。首先，文章系统、全面地对保险业特殊性进行了分析。正是这众多的特殊性使得保险公司治理不能直接照搬一般公司治理理论，而特殊性背后隐藏的是众多的治理风险及由此引致的利益冲突转化。在对保险公司特殊性系统分析基础之上，本书对保险公司治理特殊性从多角度展开了深入的探讨。其次，本书对国内外董事会特征与公司绩效的关系，国内外保险公司董事会治理与公司绩效的关系进行了汇总分析及研究评述。第三，在保险公司治理特殊性的分析基础之上，为了全面地反映保险公司的经营绩效，从保险公司经营效率、成长能力、稳健性和盈利能力四个方面构建了保险公司经营绩效评价体系，并借助于因子分析法在尽量少损失信息的前提下，将保险公司经营绩效的众多指标综合成少数综合指标来衡量保险公司的经营绩效，并对我国保险公司治理绩效进行了评价。第四，在保险公司绩效评价的基础之上，从董事会多个特征分别提出了本书研究假设；在构建实证模型的时候，考虑到了董事会规模的内生性问题，通过模型构建实证检验了董事会特征与我国保险公司经营绩效的关系。最后，在实证分析基础之上，为我国保险公司治理的完善提出了若干政策建议。

（二）逻辑结构

根据上述研究思路所构建的本书思路框架与逻辑结构安排可以用图 1-1 进行表示。

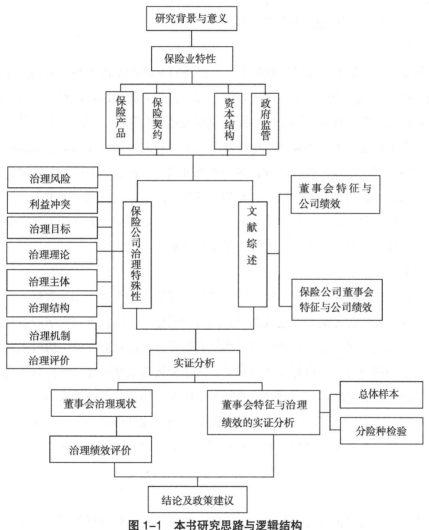

图 1-1　本书研究思路与逻辑结构

二、研究方法

本书立足于如何更好地促进我国保险公司治理结构及治理机制的建设，如何更好地将经典公司治理理论与保险公司治理有机结合。在公司治理理论和国内外公司治理及保险公司治理研究成果基础之上，紧密结合我国保险公司治理实践，运用规范分析与实证分析相结合、历史分析与比较分析相结合的方法对我国保险公司治理开展分析研究，以期通过这些方法的综合运用，能够更好地为研究目的服务。主要采用的研究方法有以下四种。

1. 规范分析法

规范分析是依据一定的价值判断，对经济行为进行价值评判，是创设经济理论的前提，也是经济行为主体制定政策、方法、行为的理论依据和判断行为结果是否正确的标准。规范经济学主要回答"应该是什么"这一问题。本书采用规范分析的方法系统分析了保险业特殊性及由此而导致的潜在治理风险、利益冲突转化和保险公司治理特殊性；同时，本书还通过规范分析法详细梳理了保险公司治理理论基础，如股东利益理论、利益相关者利益理论、代理成本理论等，详细汇总了国内外相关文献并进行了简要的分析。本书所进行的规范分析为研究保险公司董事会特征与公司绩效的关系打下了良好的基础。

2. 实证分析法

实证分析是指通过观察、实验等途径获取经济行为主体的相关数据，并利用统计、计量等分析方法对上述数据信息进行计量分析，以此考察影响经济行为主体各项行为的有关因素相互之间的关系及其影响方式的研究方法，通过实证分析能够指导经济行为主体更好地采取行动。实证分析法主要回答"是什么"这一问题。实证分析法能够较为客观地反映行为主体的行为现状及各因素对行为主体行为的影响。本书通过实证分析法对我国保险公司绩效进行了评价、描述统计了保险公司董事会治理及治理绩效等，并运用回归分析的方法检验了董事会特征与绩效之间的关系。

3. 历史分析法

历史分析法是指运用动态的、变化的、发展的观点来分析客观事物和社会现象的方法。运用历史分析法能够理顺客观事物的前因后果、来龙去脉，基础于过去能够更好地对未来进行预期。本书考察了我国保险业从计划经济向市场经济转型的发展历程，分析了保险业向市场化经济型治理的转变，关注了每一时期国家所出台的关于保险业发展及保险公司治理的重要文件及其对保险公司治理的影响，并将我国保险公司治理划分为四个阶段。历史分析法不但使我们清晰地掌握了我国保险业的发展历程，也对保险公司的未来进行了合理的预期，更能够清楚地呈现我国保险公司治理现状的历史成因。

4. 比较分析法

比较分析法是将联系紧密的数据指标在行为主体间进行比较分析，观察数量的大小、高低、快慢，以此来客观评价经济行为主体的规模、发展水平或发展速度。本书对比分析了中国保险业和世界保险业在保险深度、保险密度、市场集中度等方面的数据，一目了然地呈现了我国保险业在世界上的位置；通过对比分析中国和世界保险业董事会治理的差别，明确了未来发展方向；同时对比分析了国内外在董事会治理研究视角、结论方面的差异。

第三节 主要研究内容

依据研究思路及逻辑安排，本书主要包括七章内容，各章主要内容如下：

第一章为导论。导论分析了本书的选题背景、现实意义和理论意义、逻辑结构、研究方法、主要内容及可能存在的创新和局限。

第二章深入系统地分析了保险业特殊性。为了更好地进行保险公司治理研究，本书将保险业特殊性单独列为一章进行分析。本章首先界定了保险的定义及本书研究中的保险公司的范围；其次，对保险业职能及经营原理进行了简单说明；最后，从保险产品、资本结构、保险契约和政府监管等四个方面分析了保险业特殊性。

第三章对保险公司治理特殊性展开了深入研究。本章首先梳理了本书所使用的公司治理基础理论；汇总了一般公司治理理论中所包含的三类代理成本及其治理机制；其次，研究了保险业每一特殊性背后所潜在的治理风险；第三，探讨了保险公司治理中利益冲突的转化及因保险公司治理中利益冲突转化所引致的保险公司治理的众多特殊性；第四，对内外部治理机制在保险公司治理中作用职能的发挥展开了分析；最后，从保险公司经营风险、利益冲突、治理主体等方面勾勒出了保险公司治理研究的一般框架。

第四章为研究文献综述部分。本章主要包括两个部分的内容：第一节对国内外董事会特征与绩效关系的研究成果分别从董事会规模、独立性、领导权结构、行为、激励及素质六个维度进行了综述，并对每一维度的研究进行了简单评述；第二节对国内外保险公司董事会治理与绩效的关系进行了综述分析，并从研究现状中指出目前研究的不足。

第五章对我国保险公司董事会治理现状进行了分析并构建了保险公司绩效评价体系。首先，结合中国保险公司治理演进的历史，将其划分为四个阶段，分析了中国保险业存在的特殊性；其次，对我国保险公司董事会治理现状及存在的问题进行了分析；第三部分对保险公司绩效评价方法、原则和体系进行了探讨；第四部分中选择了从较多角度反映保险公司绩效的十项指标，解释了每项指标的定义；第五部分用因子分析法对保险公司绩效进行了评价，运用主成分法提取公因子将十项指标降维并综合为经营效率、成长能力、稳健性和盈利能力四项指标，从而在保证信息量损失最小的情况下全面地反映了我国保险公司的绩效。

第六章为中国保险公司董事会特征与公司绩效的实证研究。以董事会特征相关变量为解释变量，以因子分析法所得结果为被解释变量，进行了实证检验。在实证分析时，首先，对总体样本公司进行了普通最小二乘回归，之后考虑财险和寿险经营的差异，分别对财险和寿险样本公司进行了分组回归分析；其次，鉴于董事会规模变量内生性的考虑，本书运用二阶段最小二乘法克服内生性对绩效的影响并对总体样本进行了实证检验。

第七章为全文总结及建议。对本书研究结论进行了总结，并根据实证结果，提出了完善保险公司董事会治理的政策建议。

第四节　可能的研究创新与局限

一、可能的研究创新

（1）在研究对象上，本书着重展开对保险公司治理的研究，探索经典公司治理理论在保险业的运用，增强公司治理理论的行业针对性，弥补国内外保险公司治理研究成果少且大多研究仅仅是将经典公司治理理论在保险业"拿来主义"的缺陷。

（2）在研究内容上，重点关注保险公司治理特殊性。深入系统地分析了保险业的特殊性及其潜在的治理风险和保险公司治理特殊性，在此基础之上展开保险公司治理的实证研究，探析董事会对公司绩效的影响。本书将保险业特殊性与经典公司治理理论有机结合，透彻分析保险公司治理中各利益主体之间的利益冲突及冲突转化，发现第三类代理问题在保险公司治理中最为严重；建立起一个较为全面的关于保险公司治理特殊性的研究框架，填补保险公司治理特殊性全面分析的不足；其次，本书实证检验了中国保险公司董事会规模、构成、独立性、领导权结构及素质等特征对绩效的影响，得出众多有价值的结论，并对完善董事会治理提出了可行的政策建议。

（3）本书试图构建保险公司绩效评价体系。保险业特殊性决定了其治理目标的特殊性，因此在评价保险公司绩效的时候，应该更加全面地反映其经营成果，而不再仅仅依靠单一财务指标，所以本书试着从经营效率、成长能力、稳健性和盈利能力等方面来构建保险公司绩效评价体系。这些指标的选择，不仅考虑了保险业的盈利能力，更考虑到了其稳健经营和未来的发展空间，体现了保险公司治理的核心目的所在：对广大分散债权人利益的保护。

（4）在研究范围上，本书针对我国寿险和财险公司的大样本数据开展，而不再仅仅选择数量极少的上市保险公司为样本，从而保证了研究结果的可靠性。

（5）在本书的实证研究中借助面板数据来分析各个变量之间的关系，面板数据在我国保险业实证分析中尚属首次运用，同时本书考察了董事会规模的内生性问题。

二、研究局限

（1）国内外关于保险公司治理研究的文献较为缺乏。虽然公司治理这一领域的研究已经持续了 40 多年，成果卷帙浩繁、不计其数。但是，目前无论国外还是国内对保险公司治理的研究仍然较为薄弱。因为国外资本市场比较完善，上市公司数量较多，所以国外学者们在开展保险公司治理的时候更多采用实证研究的方法，且研究更多偏重于股份制和互助制公司间的比较。而我国保险公司发展历史短暂，关于其治理的研究直到 21 世纪才逐步开展，同时因为我国资本市场不发达，上市公司数量较少，公司治理数据获取比较困难，所以国内学者在进行研究时更多采用规范的理论分析，且研究文献数量较少。

（2）研究指标的选择。因为保险公司存在众多特殊性，如何体现其特殊性，分析指标的选择极为重要，纵观国内外学者关于保险公司治理的研究，指标选择存在多种多样，本书通过较为综合的指标来体现保险公司治理的特殊性，但是这一指标是否完全体现了保险公司特殊性仍有待进一步探讨。

（3）本书选取的数据时间跨度为2010年到2013年，时段较短。受制于我国保险公司数据获取的困难，因为保险公司（除了上市保险公司之外）在2010年之前信息披露质量较低，本书仅获得了各保险公司2010年到2013年的数据，而且，个别公司有些年度的数据也未能获得，所以样本观测值较少。

（4）从保险业特殊性，到保险公司治理特殊性，再到治理指标选择之间逻辑一致性有待更深入系统的研究。同时，保险业特殊性可能存在以偏概全的可能，而绩效指标的选择也可能存在一定的不足。

第五节　本章小结

我国保险业发展现状和国家经济发展迫切需要开展保险公司治理研究。本章从我国经济发展、金融和经济稳定、满足人民生产和生活的需要、应对国际竞争、保险业宏观和微观现状等各个方面分析了进行保险公司治理研究的必要性。保险公司治理研究不但能够丰富保险公司治理理论，而且能够指导我国保险公司构建保险公司现代企业制度，提升公司绩效、增强竞争力。国内外保险公司治理研究较为欠缺的现实，为保险公司治理研究提供了广阔的研究空间，但是同时也带来了一定的研究障碍。本书试图在深入分析保险业特殊性及治理特殊性的基础上，实证检验保险公司治理与绩效的关系。

第二章 保险业特殊性分析

保险公司作为一种公司组织形式，与一般公司并无本质差异，所以经典的公司治理理论也适用于保险公司。与此同时，保险公司因其特殊性，使其又与一般公司组织之间存在较大的差异，在进行保险公司治理模式、治理结构及治理机制设计和选择时又不能完全照搬经典公司治理理论，而是要在经典公司治理理论基础之上有机结合保险公司自身特殊性运用适合保险业自身的治理理论、治理结构和治理机制。所以，研究保险公司治理，首先我们要深入研究保险业的特殊性。在本章，笔者将首先简要介绍保险及保险公司的定义、保险业职能及保险业经营原理，在此基础之上从不同角度、深入全面地探究保险业的特殊性，为后面的研究奠定基础。

第一节 保险与保险公司

从经济、社会、法律等不同角度考察保险，可以给保险作出众多的定义。英国学者 Marshall 和德国学者 Masius 认为保险是一种合同关系，被保险人支付保费，保险人则按照合同约定在被保险人遭受损失时进行补偿；德国学者 Wagner 强调保险"一人为众，众为一人"的损失共担功能；我国学者孙祁祥（2013）定义保险是一种以经济保障为基础的金融制度安排。我国《保险法》指出：保险，是指投保人根据合同约定，向保险人支付保险费，保险人对于合同约定的可能发生的事故因其发生所造成的财产损失承担赔偿保险金责任，或者当被保险人死亡、伤残、疾病或者达到合同约定的年龄、期限等条件时承担给付保险金责任的商业保险行为。综合来讲，学者们普遍认为保险是一种以经济保障为基础的金融制度安排。保险人根据数理预测并对不同保险产品确定相应的价格，被保险人选择适合的保险产品并缴纳保险费，保险人将收取的保险费建立保险基金，当合同所约定的事项发生时由保险基金支付相应损失，从而实现被保险人的风险转移安排。

从不同的角度对保险进行分类，保险业可以划分为人寿保险和非人寿保险、人身保险和财产保险、商业保险和政策性保险、原保险与再保险等众多的种类。本书意在研究向社会大众直接提供产品与服务的保险公司治理状况，所以本书所称保险是指商业保险，与我国《保险法》所指保险相同。

保险公司是经营保险业务的经济组织，又称保险人。保险公司有权依据保险契约向投保人收取保险费，建立保险基金，同时当合同约定的事项出现时，保险人有义务按照保险契约向被保险人进行经济赔偿。本书所指保险公司亦是指直接向广大消费者提供产品和服务的人身和财产的商业保险公司。本书在分析时将政策性保险公司、再保险公司、保险资产管理公司等排除在外，同时，因为我国互助制保险公司较少，且其与股份制存在较大的差异，所以也将互助制保险公司排除在外。

第二节　保险业职能与经营原理

保险业和一般行业相比较，其所承担的职能和经营原理迥然不同。了解保险业的职能和经营原理是分析保险业特殊性的前提和基础。

一、保险业职能

保险作为一种现代化的风险转移、损失补偿机制，对一国经济发展、金融安全和社会稳定起着极为重要的作用。保险业通过构建完善的社会保障体系，为经济发展提供坚实的基础，有力地促进经济发展，同时参与社会管理和灾害管理，切实发挥其经济助推器、社会稳定器和社会稳定润滑剂的功能。

完善的市场经济离不开成熟保险业的支撑，成熟的保险业能够为市场经济的健康、稳定、长期、科学、持续发展保驾护航。保险业最核心功能是保障，这一功能是保险业与其他行业最根本的区别。2014 年，国务院发布的《关于加快发展现代保险服务业的若干意见》明确指出，保险是现代经济的重要产业和风险管理的基本手段，保险业已经成为一个国家发展程度的重要标志。2006 年，国务院《关于保险业改革发展的若干意见》明确了保险业的三项重要职能。保险的经济补偿职能是指保险人通过保险业务的开展筹集保险基金，当合同所约定事项发生时，承担保险金给付或损失补偿；资金融通功能是指保险人通过对保险基金进行投资运作，促进经济发展；社会管理职能指当重大事故发生时，通过保险基金来稳定企业和家庭的生产生活。我国保险业经过多年的发展，上述三项职能的作用日益明显，但是和保险业发达的国家相比较，还远远没有发挥到位。表2-1和表2-2是笔者搜集的中国及发达国家保险业在几次重大自然灾害发生时所发挥职能的对比，通过对比能够明显地发现目前我国保险业职能作用发挥不足。

表2-1 中国一些重大灾害中的财产保险经济补偿比

时间	事件	经济损失（亿美元）	财险补偿（亿美元）	补偿/损失(%)
2008年	南方雪灾	200.00	13.00	6.50
2008年	汶川地震	1250	3.66	0.29
2010年	玉树地震	1.02	0.01	0.98
2010年	舟曲泥石流	7.59	0.03	0.40

资料来源：数据转引自罗忠敏、王力主编的《中国保险业竞争力报告（2012-2013）——转型的艰难起步》。

表2-2 发达国家一些重大灾害中的财产保险经济补偿比

时间	事件	国家	补偿/损失(%)
2008年	风暴、暴雨、大雪；洪水、泥石流	美国	74.50
2008年	风暴、雷暴雨、冰雹；洪水、山体滑坡	德国、比利时、英国、法国等	74.85
2010年	风暴、冰雹、大雨、洪水	澳大利亚	80.45
2011年	地震，余震	新西兰	80.00
2011年	台风"洛克"	日本	66.65

资料来源：数据来源同表2-1。

二、保险经营原理

保险是一种体现经济保障功能的金融制度安排，其本质是一种风险汇聚制度安排。保险公司通过大数法则等数理测算确定承担风险的费用即保险费率，广大投保人通过支付小额固定的成本而将未来可能面对的不确定的风险转移给保险公司，保险公司将收取的广大投保人的保费建立起保险基金，以契约的形式来承担广大被保险人因契约所约定事项的发生、出现等而承担起保险金赔偿或者给付的责任。所以，保险是一种很精巧的社会风险管理机制，通过将众多投保人所缴纳保费的汇集来分担少数风险发生者的巨额费用支出，所以保险体现了"一人为众，众为一人"的互助原理。

第三节　保险业特殊性分析

与一般行业相比较，保险行业具有较多的经营特殊性，这是国内外学者的共识但国内外学者的研究文献都不多。国外学者对保险公司治理研究早于我国学者，但相关的文献并不是很多，我国学者对保险公司治理问题从 21 世纪初才开始着手研究，起步时间较晚，相关的研究文献数量较国外更少。自 2000 年之后对保险公司治理问题研究以来，国内学者讨论比较多的问题之一就是保险行业的经营特殊性。

保险业是一种风险汇聚制度安排，其从产品设计、经营管理、资本结构、契约安排、监管制度等众多方面都与一般公司存在明显的差别。虽然学者们展开了保险业特殊性的分析研究，但是不同的学者着眼点不同，为了更有针对性地研究保险公司治理的特殊性，所以在这里首先分析保险业的特殊性。

一、保险产品的特殊性

（一）保险产品与一般产品的不同之处

1. 无形性

保险最核心的功能是保障。当风险发生时，被保险人能够以其提前支付的固定小额成本来应对大额不确定的经济损失，而保险这一核心功能是通过保险产品来实现的。保险产品应对的是未来不确定性事件的出现，在保险人和投保人签订契约的时候不确定事件并未发生，双方以契约的形式约定各自的权利和义务。而契约则是一纸合同，是无形产品，保险产品和一般产品首要的不同之处就是其无形性。

2. 不可体验性

与保险产品无形性紧密联系的一个特性就是保险产品的不可体验性。一般的商品大多为有形产品，消费者可以对所售产品进行直观感知，甚至可以通过试用来亲身感受、检验产品的性能，从而考察所售产品是否能够满足自己的需要，是否符合自己的兴趣，而保险产品是通过契约形式确定的无形产品，且约定的是未来不确定性的风险，所以其具有不可体验性和不可感知性。正是保险产品的无形性和不可体验性使得保险产品具有"非渴求性"特点，即大部分潜在消费者对未来不确定的风险不具有强烈的转移愿望。

3. 专业性与复杂性

保险产品的设计涉及众多的专业知识，如精算、金融、财务、医学、法律、地理环境等，与此同时，还涉及对未来风险的预测。保险产品是保险公司员工集体人力智慧的结晶，其专业性和复杂性为消费者更深入地了解保险产品带来了众多困难。

4. "逆生产"周期性

一般商品在推向市场的时候，其成本均已确定，销售者的利润根据其销售情况能够清楚掌握。而"保险产品的生产时期就是保险产品出售的时刻"（江生忠 等，2005），保险契约签署的时刻也即保险产品生产出来的时刻。此时保险产品的成本并未确定，保险产品成本确定的时刻是保险契约履行完毕的时刻，但是这一份契约从生产出来到何时履行完毕并不一定具有明确的期限，履约期限长短的不同及未来众多事项的不确定性就意味着其成本的不确定性，而与成本不确定性迥异的是，保险产品价格在产品生产的时候就已经得到确认，所以保险产品是典型的"逆生产"周期性产品。逆生产周期性的存在使得保险公司经营风险对外界更加具有隐蔽性，同时随着日积月累，其风险累积性有可能积重难返。

5. 承诺性

一般产品销售过程结束时，产权也随之转让，双方的权利义务也基本完毕[①]。而保险产品需要保险人在整个保险期间承担契约所承诺的事项，这也是保险履行其功能的体现。但是保险人是否能够履行这一承诺、履行质量如何等都具有不确定性。

---

① 如果产品质量和责任承担角度出现问题，比如销售者要承当相应的如退换货、赔偿损失等责任，一般产品也存在一定的承诺性，但是这个承诺性和保险产品的承诺性相比微乎其微。

（二）保险产品与其他金融产品的不同之处

1. 保险产品本质上具有避害性

保险产品与金融产品本质上存在一定差异。保险反映的是保险的特殊矛盾及由特殊矛盾所引致的保险职能的发挥，而金融反映的是货币资金在需求者和消费者之间的供需关系（卓志 等，2014）。金融的本质决定了消费者在进行金融活动时追求的是盈利，如在购买银行理财产品、银行存款、股票、债券等，他们投入一定额度的资金，其根本目的在于获得更高的收益。而保险产品却针对的是未来不确定的风险，保险消费者期望通过支付一定的固定小额成本来转移未来不确定的大额损失，目的不是为了获得更高的收益，而是为了应对不确定风险的发生所导致的可能损失。所以可以说金融类产品是趋利性的，而保险产品本质上属于避害性的（孙祁祥，2013）[100]。这一特点是保险产品与其他金融类产品的根本区别。

2. 保险产品期限较其他金融产品长，变现能力弱

保险产品的期限相对于其他金融产品较长。财产保险的产品有 1 年期的，也有多年期的，而人身保险产品的期限普遍较长，几年几十年的产品普遍存在。和其他金融产品相比较，保险产品的变现能力比较弱，且如果保单持有人选择变现权利往往意味着利益的损失，比如消费者选择退保往往要支付较高的手续费，保单质押借款的金额也较低。

3. 保险公司具有追求规模经济和范围经济的偏好

保险公司盈利的数理基础是大数法则，只有拥有了大量同质的被保险人，风险才能在更多的消费者之间分摊，保险公司所承担的风险和责任才能更好地预测，从而保证公司经营的稳定性，所以保险公司都在不断追求规模扩张，且规模效应日益明显。与此同时，保险公司存在明显的范围经济，不同体系的产品因其风险发生概率不同，产品时间长短不同，能够在不同体系产品之间做好弥补与平衡，更有利于保险公司经营的稳定性，如寿险公司的人寿保险意味着客户生存的时间越短寿险公司所承担的给付责任越大，而年金保险则意味着客户生存的时间越短保险公司所承担的给付责任越小，如果同时经营人寿和年金这两种产品，则意味着保险公司的经营稳定性通过公司内部不同产品体系之间的弥补和平衡而更强。

二、资本结构的特殊性

保险属于金融业的一个重要的组成部分，具有金融业资本结构的显著特点，如资本结构高负债性、债权人的分散性、债权人的类别特殊性等。

1. 高负债性

保险业与银行业具有近似的资本结构，即"低股权、高债权"（洪正，2010）。保险公司的股本具有较高的杠杆比率，能以较小的自有资本运作远远超过自有资本的大额资金，而保险公司所运作的资金绝大部分来源于投保人缴纳的保费，这些资金是对投保人的负债。表 2-3 给出了我国保险公司和我国海内外上市保险公司的资产负债率状况。表 2-3 显示从 2010 年到 2013 年我国保险公司的资产负债率都在 87% 以上，上市的保险公司资产负债率较整体水平略低，高资产负债率说明了保险业快速发展所面临的资本金严重不足的现状。

表 2-3　2010—2013 年中国保险公司资产负债率统计表

年份	中国保险公司资产负债率（%）	海内外上市保险公司资产负债率（%）
2010	89.79	88.84
2011	90.62	88.46
2012	89.23	87.87
2013	89.78	87.13

数据来源：根据保监会网站统计数据和《中国保险年鉴》计算得到。

保险的本质是一种风险汇聚制度安排，其负债与一般企业存在明显的差异。而与同样作为金融机构的银行相比，保险公司的负债也存在不同。银行的负债主要来自于存款人的存款，而银行有义务按照规定的期限和规定的利率支付本金和利息，所以银行的支出是确定性的，而保险公司因为应对的是未来不确定的风险，其成本具有不确定性，因此如何对负债计提各项准备金以及对准备金进行投资、管理等都是极为重要的（江生忠 等，2005）。

2. 债权人的分散性

保险公司主要存在两类债权人：第一类债权人是次级债券的持有人。这类债权人数量较少而持有债券的金额较大，但是其所持有的次级债和保险公司资产比起来所占比重比较小。选择次级债的主要是一些大型的上市保险公司，而非上市公司则偏好于选择新的股东以获取新的资本金来源。这类债权人收益顺序仅在股东之前，且未获得保险保障基金的保障。第二类债权人是保险公司最主要的债权人，即广大投保人。虽然单个债权人投入保险公司的保费无论是从绝对数量还是从相对比例上都微乎其微，但是因为保险公司客户数量巨大，所以他们构成了保险公司最主要的债权来源。与此同时，这些庞大的客户群体极为分散，如表2-4显示了2013年部分保险公司债权人（投保人）数量，其债权人的分散性可见一斑。为了维护第二类债权人的利益，各国的保险保障基金都对其进行了保险保障。

表2-4　中国部分上市保险公司2013年债权人数量

序号	公司名称	债权人数量
1	中国平安保险（集团）股份有限公司	人身险个人客户5784.6万人，公司客户99.8万户；产险个人客户2598.2万人，公司客户174.7万户
2	新华人寿保险股份有限公司	个人客户2976.9万人，公司客户6.2万户
3	中国太平洋保险（集团）股份有限公司	集团客户量7897.3万户
4	中国人寿保险股份有限公司	1.77亿份长期保险单

数据来源：表格中前3家保险公司根据其公司年报数据整理，中国人寿保险股份有限公司数据根据《中国人寿：2013年社会责任报告》整理。

3. 负债的长周期性

保险公司尤其是寿险公司的负债和一般公司负债的不同之处就在于其负债期限较长，可以长达数十年，如各保险公司推出的终身保险，直至被保险人身故契约才终止。保险公司负债的长期性意味着保险公司保费收入和责任给付之间存在较长的时间差，使保险公司能够作为机构投资者向市场提供较长期限的资金供应，这是其他金融机构所不能提供的。

三、保险契约的特殊性

保险契约拥有较多特殊性，这众多的特殊性都和保险产品的特殊性存在紧密的关系。

1. 承诺性

这个特点是由保险产品的特点所决定的。契约从签署到履行时间不确定，如何保证契约承诺性的履行是债权人始终关心的问题。

2. 专业性与复杂性

保险契约涉及众多的专业知识，从精算技术到对未来通货膨胀的预期，从条款制定到契约的履行等每一个环节都需要精算、金融、法律、医学等众多专业知识作为基础。

3. 长期性

保险契约的长期性在寿险契约中尤为明显，契约的期限一般为数年、数十年，甚至可以达到终生。

4. 射幸性

射幸性即机会性，射幸意指碰运气、赶机会（孙祁祥，2013）[53]。保险契约与一般契约的不同之处在于，保险契约的履行是以契约约定的不确定性事件的发生为前提，只有当契约约定事件发生时保险人才履行契约，而如果契约所约定的事件并没有发生，则保险人就不用履行契约。

5. 附和性

保险契约的附和性即保险人向广大投保人和被保险人提供格式契约，投保人或被保险人只能做出选择或者不选择的决定，一般情况下不能和保险人协商更改保险契约的内容，即使有相应的内容需要更改也只能在保险人所提供的已经制定好的相应补充契约中做出选择。保险契约的附和性来自于保险产品和契约的专业性和复杂性，保险人掌握着技术，而投保人、被保险人并不能熟悉保险业务，也不能就契约相关内容提出个人异议。

6. 契约的不完备性

保险公司所经营风险的外在表现形式就是保险人和投保人之间签署的保险契约，而这个契约因面临长期性等特点决定了契约的不完备性的加大。保险契约的不完备性除了一般不完全契约的特点之外，还具有对于未来保险人承诺的给付事项是否能够履行的不确定性，对保险人没有进行承诺的利益如分红等投资收益的不确定性更大。

7. 双向信息不对称性

信息不对称是经济学中的一个亘古不变的经典话题，在一般行业中也存在信息不对称问题，只不过这种信息不对称一般是单方面的，即销售者通常具有信息优势。而保险业的信息不对称是双方的信息不对称，投保人和被保险人对保险标的具有信息优势，而保险人对保险产品和经营管理状况具有信息优势。此外，保险业精算数据严格保密和保险契约格式合同的专业性、复杂性、期限长（即跨期支付）等特点造成保险业中的信息不对称问题更加突出。

8. 契约履行对投资收益的依赖性

保险公司的高负债性、契约的长期性及寿险精算假设等决定了其必须要依赖投资收益才能履行对客户的承诺。同时，保险公司股东作为保险公司的实际所有者，其收益也需要通过投资才能得以实现。所以在一定程度上，保险公司的经营者和一般公司的经营者一样，将追求短期利润最大化作为企业经营的目标。

9. 国家担保性

中华人民共和国保险公司自诞生即在苏联指导下按照国家保险理论开展保险业务。保险公司给国家带来了高额的利润，当然，保险公司经营不利的时候，国家对保险消费者也承担着国家责任。在保险业市场化转型过程中，国家保险理论也逐步转变为商业保险理论，为了应对保险业经营风险，保监会在 2004 年颁布了《保险保障基金管理办法》，为了更好地管理保险基金，国务院在 2008 年专门设立国有独资公司：中国保险保障基金有限责任公司，其国有独资性决定了当保险公司破产的时候，国家仍承担一定的赔偿责任。

四、政府监管的特殊性

保险业具有广泛的社会影响。首先，保险公司作为社会信用关系的经营者，其外部性较一般公司更显著。其次，保险业经营目标存在多元化特性，一方面保险公司是企业，要追求利润最大化和股东价值最大化；另一个方面保险公司要承担对消费者的经济补偿或给付责任，这一目标要求保险公司要追求长期经营的稳健性，而不能仅仅注重短期的利润最大化；除此之外，保险公司还承担资金融通和社会管理等衍生职能。所以，保险公司经营的好坏，不但直接关系到数量庞大的投保人和被保险人的利益，而且保险业作为金融业的重要组成部分也将对整个金融环境产生直接影响。

保险产品的特殊性、资本结构的特殊性、经营目标的特殊性及保险契约的特殊性等决定了保险业风险比一般行业风险更集中，从而使得保险业具有金融业的内在脆弱性，一旦保险业风险发生，将通过多米诺骨牌效应对社会产生巨大的负外部性。保险公司发展的好坏不仅关系一家保险公司的经营成败，更有可能影响到整个保险业、金融业乃至一个国家的经济、金融安全，甚至可能引发金融危机和社会动荡。所以，绝大部分国家都将保险业的监管放在重要位置。国际保险监督官协会 1997 年就发布了保险监管核心原则，之后在 2004 年颁布了《保险核心原则》，2011 年又颁布了新版《保险核心原则》，这一系列行为凸显了国际上对保险监管的高度重视，根据这一核心原则，各国保险业监管主要从市场行为、偿付能力和公司治理这三方面展开。

我国保险业经历了 30 多年的发展，已建立起了以市场行为、偿付能力和公司治理监管为核心的监管体系。保监会在各省、自治区、直辖市及计划单列市都设立有保监局，而且还在烟台、汕头、温州、苏州、唐山五个城市设立了保监分局。保监会除了对保单格式、费率制定、保险中介人等内容履行监督之外，还对关系保险公司治理的相关事项进行严格监督，以期维护保险市场行为合法、偿付能力充足、公司治理完善有效，保证保险市场有序、稳健地运行。保险业监管内容众多，本书仅从以下六个方面简要说明。

1. 市场准入审查

市场准入资格审查严格。世界上大部分国家对保险公司牌照的发放审核都比较严格。我国保险监管机构对保险机构主体的设立资格进行严格审批，同时对保险公司的注册资本金、组织形式、公司章程、经营场所等都做出了明确规定。

2. 股权转让审批

对股权结构、并购等控制权转移都有较为严格的程序和资格审核，并且需要报保监会批准。如保险公司变更出资额占有限责任公司注册资本 5% 以上的股东，或者变更持有股份有限公司 5% 以上股份的股东，应当经中国保监会批准。

3. 高管任命的核准与报告

对高级管理人员的任命采用分级审查、分级管理的制度，并分别进行核准制和报告制。

4. 现场检查与非现场检查

保监会规定对保险公司的治理主要采用现场检查和非现场检查两种手段。现场监检查是保险监管的核心手段之一，通过现场检查可以及时发现保险公司经营状况、违规违法行为及潜在治理风险等，保险监管部门甚至可以直接列席保险公司的董事会会议。非现场检查是保险监管制度化、体系化和标准化的主要监管手段，能够通过对保险公司业务经营及管理的信息处理、分析评估，从而保证保险公司的经营行为合规，并进行良好的风险控制等。

5. 规定资料报送

日常经营情况等众多资料要按规定及时向监管部门报送。公司治理结构、偿付能力充足率等都受到保险监管机构的检查。

6. 产品批准及备案

产品需经过批准并备案后方可推向市场。

表 2-5 为对保险业上述特殊性的汇总。

表 2-5　保险业的特殊性分析汇总表

保险业的特殊性	保险产品的特殊性	无形性
		不可体验性
		专业性和复杂性
		"逆生产"周期性
		承诺性
	资本结构的特殊性	高负债性
		债权人的分散性
		负债的长周期性
	保险契约的特殊性	承诺性、长期性、专业性与复杂性由产品特性决定
		射幸性
		附和性
		不完备性
		双向信息不对称性
		对投资收益的依赖性
		国家担保性
	政府监管的特殊性	市场准入审查
		股权转让审批
		高管任命的核准与报告
		现场检查与非现场检查
		规定资料报送
		产品批准及备案等

第四节 本章小结

保险业众多特殊性清晰地显示了保险业与一般行业截然不同的特点，这些特殊性为我们分析保险公司治理特殊性奠定了基础。

保险业的特殊性意味着保险公司治理中存在众多的潜在风险，这些潜在风险决定了保险公司治理结构与治理机制的特殊性，也意味着保险公司治理不能简单套用经典公司治理理论，而是需要有机结合保险业的特殊性及其潜在的治理风险与经典公司治理理论来指导保险公司治理。

第三章　保险公司治理特殊性研究

　　保险业的特殊性是保险公司治理的逻辑起点和研究主线。保险公司毫无疑问是公司，经典的公司治理理论适合于保险公司治理，但是通过前面的分析，我们发现除了具有一般公司的特点之外，保险公司还具有众多特殊性，而这些特殊性必然会影响到保险公司的治理结构和治理机制。在第二章保险行业特殊性系统分析的基础之上，本章将首先介绍保险公司治理相关的理论基础；其次，分析一般公司中存在的三类代理问题及其对应的治理机制；保险业的特殊性意味着存在众多潜在的治理风险，所以在第三节重点探讨了保险公司治理特殊性，在这里首先分析了保险业的特殊性所带来的潜在治理风险，之后分析了由这些治理风险所导致的利益冲突转化；在第四节给出了保险公司治理分析的一般框架，并分析了董事会在保险公司治理中处于核心地位的原因所在。

第一节　保险公司治理理论基础

一、公司治理与保险公司治理

　　公司治理研究从 20 世纪 70 年代开始至今，研究领域日益拓展，研究成果可谓汗牛充栋，但是关于什么是公司治理这一最基本问题，学者们至今并未达成一致意见。众多学者从自己的研究视角给出了自己的定义和理解。学者们产生这一差异的根本原因在于大家对"公司是谁的"这个问题并没有给出统一的答案。从亚当·斯密"看不见的手"开始，主张"股东价值最大化"的股东主义理论就一直居于公司治理的主流地位；施莱弗、维斯尼（1997）和梯若尔（2006）则认为公司治理应该追求的是"资金提供者"的利益最大化；而"利益相关者主义"理论在 20 世纪 90 年代中后期日益引起学术界的关注，布莱尔（1995）[105]认为除了股东之外，其他利益相关者（如管理人员、员工）也是公司治理的主体，Ireland（1999）认为公司资产是"一代代人集体劳动的结晶"，是公共财产，而不是股东的私人财产。

对于"公司是谁的"认识的不同，因此依此而给出的公司治理定义也存在显著差异，呈现出了公司治理内涵的复杂性。随着对公司治理研究的不断深入，学者们目前大多认为公司治理是一个系统，由治理结构、治理机制及治理环境三个层次构成。公司治理结构是由股东大会、董事会、监事会和经理层等构成的一种相互制衡的组织结构或制度安排，并通过这种制度安排实现经济利益（钱颖一，1995）。

保险公司无疑是现代公司制企业，经典的公司治理理论必定能够使用，但是其众多特殊性又要求我们不能将经典理论简单照搬、拿来主义，而是要将保险公司的特殊性与经典理论进行有机结合。所以，保险公司治理指借助于经典公司治理理论并结合保险公司自身特殊性来分析保险公司治理问题，其目的是实现保险公司决策科学化，从而最大限度地维护股东和广大债权人的利益。保险公司治理研究是一个新的研究领域，是公司治理在具体行业中的实践运用，所以研究时要高度关注因其特殊性所引致的公司治理特殊性。

二、保险公司治理理论基础

公司治理理论从其诞生的那一天就一直在关注治理主体相互之间的制衡即公司所有权或控制权的安排，而所有权或控制权安排的目的在于保证治理主体的剩余索取权或控制权不被侵犯。但是在"公司是谁的"，谁应该参与公司治理和公司治理应该保护谁的利益这些问题上却并未达成一致。本书的理论基础主要有股东主义理论、利益相关者主义理论（剧锦文，2008）及代理成本理论等几种[1]，分别从不同的角度回答了上述问题。

（一）股东主义理论

探寻公司治理的历史，可以清楚地看到，早期古典公司的股东同时担任所有者与控制者的双重角色，自现代大公司出现以来，从资本筹集的角度看，如果仅仅依靠少数个人资本难以满足公司发展的需要，因此需通过各种形式来筹集资金。随着公司规模的不断扩大，公司物质资本的所有权与控制权逐步分离，最后呈现

---

[1] 本部分公司治理理论前两种分类方法及部分观点借鉴了剧锦文研究员的论述。

出伯利－米恩斯式企业即"几乎没有控制权的财富所有权与几乎没有所有权的财富控制权"（伯利 等，1932）的局面，标志着两权分离的真正到来。而专业支薪经理阶层具有自我偏好，甚至减少或放弃近期的股息（伯利 等，1932），使得企业的投资人在不断追寻有效控制机会主义行为强烈的经理人、实现股东价值最大化的有效机制。所以，两权分离是公司治理诞生的原因，股东主义理论则一直占据公司治理理论的主流地位。

根据观点不同，这一理论可分为狭义和广义两种。狭义的股东主义理论认为，股东提供的物质资本是公司的一切，公司属于股东，股东的利益是公司经营目标中唯一被承认的利益（伯利 等，1932）。此理论认为股东权利是一切权利的来源，股东承担着经营不确定所带来的一切剩余风险，而雇员等却无论公司经营好坏都能获取合同所规定的固定收益，所以股东是排在最后的受益人，股东权益受到的保护程度最低，理应拥有公司的剩余控制权和剩余索取权（Grossman et al.，1986；Hart et al.，1990）。基于此，股东主义者指出，股东大会是公司的最高权力机构，董事会是股东的受托机构，公司治理的目的是实现"股东价值最大化"（科伊尔，2007）[5]，即像经合组织（OECD）所指出的那样：公司治理应该是在满足公司财务和其他法定义务及契约的前提下追求价值最大化，这一点与米尔顿·弗里德曼在 1962 年所持有的观点基本一致①。而广义的股东主义理论则认为，公司应该在追求股东价值最大化的同时兼顾其他利益相关者（如雇员、客户、债权人、社区等）的利益，但其利益是通过合同或者法律来维护，而不是参与公司治理（戈登 等，1997）。

股权极为分散的公司，所有权与控制权完全分离，拥有公司经营权的管理者，实际上也掌握了公司的控制权。而在经济人假设下，经营者为了谋求个人利益最大化，会存在严重的机会主义行为等道德风险。股东和经理层利益的不一致导致代理成本问题的产生。为了维护股东利益，董事会作为股东的受托机构，从而成为公司的实际权力中心，无疑也是公司内部治理机制的核心。除了以董事会为核心的内部治理机制，产品与要素市场、经理人市场、资本市场、控制权转移机制

---

① 佛里德曼指出"企业仅具有一种而且只有一种社会责任——在法律和规章制度许可的范围之内，利用它的资源和从事旨在增加它的利润的活动。"

等外部治理机制在抑制经营者的机会主义行为方面也发挥着重要作用。公司治理机制的核心在于最大程度上一致化股东和经营者的利益，减少代理成本，实现股东利益最大化。图 3-1 显示的是股东主义理论结构图。

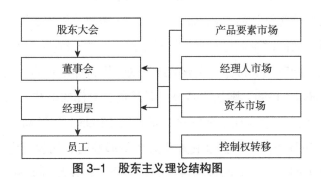

图 3-1 股东主义理论结构图

与上述明确提出股东利益至上不同的是，Shleifer 和 Vishny（1997）指出公司治理所关注的是出资者保证收回他们投资回报的方式，Tirole（2001）认为一个好治理结构能够选出最有能力的经理人，且能保证经理人向投资者负责。但是张维迎（2014）[17] 认为上述保护投资者利益实际上指的是如何保护小股东不受大股东的剥削，虽然这两种观点间存在一定差异，但本书并没有将"投资者利益理论"单独列为一个治理理论。

随着物质资本稀缺程度逐渐降低，且股东采取分散化投资策略及承担有限责任，同时股东可以通过资本市场进行股权转移而退出实现资本变现，这些都表明股东并不是剩余风险的唯一承担者，所以如果在公司治理过程中仍然过度强调股东的权利势必会导致其他利益相关者的专用资产投资不足，进而降低公司价值创造的能力。所以广义的股东主义理论受到了重视，正如"开明式股东流派"所指出的那样，董事应该追求股东的利益，但还应考虑其他利益相关者的利益，应该以开明、包容的方式进行（科伊尔，2007）[7]。

（二）利益相关者主义理论

股东主义理论诞生于物质资本较人力资本稀缺的年代，但是随着社会财富的不断积累，物质资本逐渐丰裕，其稀缺程度逐渐降低，而人力资本却日益成为稀缺资源。"人力资本相对于无生命资产重要性的增加"，致使"公司治理研究的关注点必须转移到研究使企业能向人力资本提供激励的机制"（Rajan et al.，2000），从而激发人力资本的积极性。利益相关者（Stakeholder）这一概念虽然在 20 世纪 60 年代初期就已被提出，但是对利益相关者利益保护的重视却是 20 世纪 90 年代以后的事情。关于利益相关者的定义，不同学者存在不同的看法。早期的定义比较笼统，如 Rhenman（1964）认为利益相关者需要借助于企业才能实现其目标，而同时企业也只有依靠利益相关者才能维持生存。Freeman 和 Reed（1983）认为能对组织目标产生影响或者受组织目标影响的人或团体都是利益相关者。Alkhafaji（1989）则认为是公司对其负有责任的那些人们。同时，学者们对利益相关者的概念也在不断细化，布莱尔（1995）[212-216] 将利益相关者划分为直接和间接利益相关者，直接利益相关者是那些向公司投入专用性资产并处于风险状态之下的人们，而间接利益相关者与公司存在商事关系。Monks 和 Minow（1995）划分为主要利益相关者和其他利益相关者，认为主要利益相关者是股东、董事会和经理层，而其他利益相关者是雇员、顾客、供应商、债权人和社区等。李维安、王世权（2007）提出了"关键利益相关者"的概念。

利益相关者主义理论认为除股东之外，其他利益相关者也进行了专用化投资，也承担剩余风险，因此也应该成为公司所有者并参与公司治理。正如布莱尔（1995）[212-216] 所指出公司这种制度结构的作用是管理提供了高度专业化投入要素的所有集团之间的合同关系，与股东一样，当高度专用化投资的人力资本对于公司财富创造特别重要的时候，雇员实际上也成为了股东，承担着剩余风险，所以他们也应该是剩余索取者，比如雇员向公司投入了人力资本专用性投资，如果公司经营不利，其个人利益也会受到一定的影响，当公司资不抵债而出现破产的时候，他们的专用化人力资本投资就很有可能成为"沉淀资本"，所以他们并非获得契约所规定的固定收益的人群，同时承担着企业经营的风险。利益相关者理论认为，由于股东的有限责任、分散化投资和股权高流动性的客观现实，股东对公司风险承担并不高，而雇员等利益相关者却因为其人力资本的沉淀投资具有不可逆性且不可分散投资而承担较高的风险。所以，董事会是公司资产的受托人，而不仅仅是股东的受托人；股东并不是公司剩余风险的唯一承担者，雇员甚至承担着比股东更高的风险。所以除股东之外的其他利益相关者也应该拥有公司剩余

控制权和剩余索取权，应该作为公司治理的主体参与公司治理。利益相关者理论
所主张的共同治理结构图如图 3-2 所示。

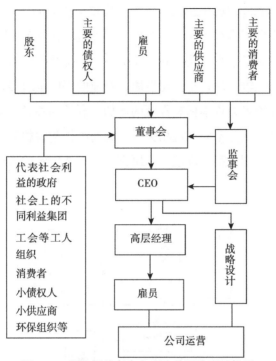

图 3-2　利益相关者主义理论共同治理结构图

资料来源：杨瑞龙主编的《企业共同治理的经济学分析》，经济科学出版社 2001 年版，第 66 页。

　　利益相关者主义理论的出现也受到了较多的反对，如有学者认为给非物质资
本投资者控制权将会妨碍公司融资等。但利益相关者主义理论突破了股东主义理
论的局限，这是一个巨大的进步。但是如何界定利益相关者，如果像早期的定义
那样宽泛，所有人的利益都照顾，因所有利益相关者之间存在不同程度的利益分
歧，则此理论不能够将这些相互冲突的利益进行汇总，当然也就无法对管理层制
定可行的考核指标并对其业绩展开评价（张维迎，2014）[207-211]，故治理目标和治
理标准将无从制定，结果是所有人的利益都不能照顾。因为管理者的绩效非常难
以衡量，则管理层将会缺少工作激励（梯若尔，2006）。所以，将利益相关者进
一步进行细分、区别对待是进行良好公司治理所必须的。比如，公司雇员可以分

为通用型雇员和专用型雇员,通用型雇员并不需要进行专用性人力资本投资,所以其基本上并不承担企业经营的风险,而专用型雇员则需要进行较多的专用性人力资本投资,从而承担较多的不确定风险。如前文所述,学者们已经开始了这方面的研究,贾生华和陈宏辉(2002)、邓汉慧和赵曼(2007)提出了"核心利益相关者",李维安和王世权(2007)提出了"关键利益相关者"。上述学者公认核心股东、管理者和员工都是核心利益相关者。但是笔者认为,核心利益相关者并不是一个固定的人群,而是与公司性质、企业的不同组织形式等的不同而呈现动态性的变化。随着人力资本稀缺程度的增加,利益相关者主义理论越来越受到重视,但如何更好地区分不同利益相关者,如何维护利益相关者的利益,利益相关者如何参与公司治理,都有待进一步研究。图 3-3 所示的是核心利益相关者共同治理结构图。

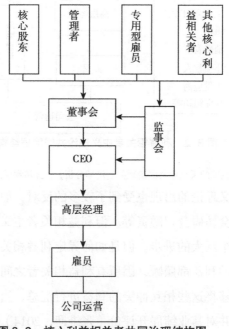

图 3-3　核心利益相关者共同治理结构图

(三)代理成本理论

Coase(1937)认为市场和企业都是资源配置的方式,不过市场通过价格机制来进行资源配置，而企业是通过权威进行。企业之所以有利可图，主要原因是使用价格机制是有成本的，将某些由市场组织的交易一体化于某一"权威"之下就可以节约这些成本，从而"企业的显著特征就是价格替代机制"。但是企业的边界也不是无限制扩张的，而是要受到资源配置时"组织成本"的限制。企业的出现，造就了大批职业经理人的产生。根据经济人假设，不具有企业财产所有权的职业经理人将会追求自身效用最大化，而企业股东则追求的是利润最大化，二者目标函数之间毫无疑问存在显著差异。公司中存在多种委托代理关系，相应的也就产生多种委托代理成本，如第一代理成本、第二代理成本和第三代理成本。为了更好地监督、评价、激励经理人，董事会制度应运而生。董事会无论是股东的受托人，还是所有利益相关者的受托人，其主要职责并没有发生根本转变，即监督、评价和激励经理人，减少代理成本、提升公司绩效和价值，最大化地维护股东或利益相关者的利益。所以董事会的特征及治理效率通过影响委托代理成本而影响公司绩效和公司价值，从而对股东或其他利益相关者的利益具有重要影响。

第二节　公司治理中三类代理问题及其治理机制

公司治理源于股权分散所致的所有权与控制权的分离。在两权分离的情况下分别形成两类人群，即没有所有权的控制权（经营者）和没有控制权的所有权[①]（所有者）（伯利 等，1932）。众多小额资金提供者向公司以购买股票的形式提供资金之后因其持股比例过低而失去了对公司的控制权，如何克服委托代理问题、最大限度地一致化股东和经营者的利益，保证资金提供者的投资能够获得最大化收益，公司治理随之而生，公司治理所着力解决的就是利益相关者之间的利益冲突，并提供组织和缓解冲突的措施（格尔根，2014）。公司治理的根本目的是保证投资者的利益不受侵犯，实现公司决策的科学化。

随着委托代理理论研究的深入，学者们发现除了股东和经营者之间的委托代

---

① 伯利和米恩斯所分析的是在现代公司中所有权较为分散，即不存在控制性大股东情况下的情形。而根据拉波塔等人的分析发现，大多数公司都有大股东的存在。

理问题之外，还存在其他的代理问题，而且各种代理问题的重要性也并非一成不变。学者们依据代理问题中利益冲突对象的不同，将代理问题分别划分为：第一类代理问题、第二类代理问题和第三类代理问题。为了应对各类代理问题，在理论研究和实践过程中，针对不同类型的委托代理问题总结出了相应的治理机制。

一、第一类代理问题及其治理机制

现代公司中，在分工和专业化思想的指导下，拥有资金而没有时间、没有管理才能或者不愿意参与管理运作的股东提供资金，而拥有管理才能而资金缺乏的人力资本所有者提供劳动，二者在公司这一组织内实现分工与协作，发挥各自专业化优势，共同创造财富。根据经济人假设，在这一合作过程中，资金所有者的目的是获取利润最大化，而人力资本所有者则追求自身效用最大化，所以二者所追求的目标函数必然不一致，甚至存在较大差异。根据假设，追求个人效用最大化的经营者具有强烈的自利动机和机会主义行为，其效用不仅包括固定薪酬、绩效奖励、职务消费，还包括社会声誉、地位、个人价值的实现，甚至各种特权消费，比如豪华游艇、专用飞机、豪华的办公室、气派的府邸等有形物质，甚至安排亲朋好友在公司内任职等无形项目，他们不但追求高额的收入、超级的享受，甚至为了个人荣誉和地位而打造商业帝国，将资金投资于收益率并不高甚至净负现值项目上去，追求公司规模最大化而非公司价值最大化。目标函数的不一致性，不可避免的结果就是具有信息优势和实际控制权的经营者时常侵犯所有者的利益。这就是公司治理中的第一类代理问题，也是公司治理理论自开创以来一直最为关注的代理问题。

学者 Jensen 和 Meckling（1976）指出，（第一）代理成本包括委托人的监督成本、管理者的保证成本以及二者目标不一致所造成的剩余损失。在完善的市场经济中，为了控制第一代理成本问题，各种内部和外部治理机制应运而生。内部治理机制中，股东大会是现代公司的最高权力机构，负责公司重大事项的运作，制衡经营者个人行为。董事会作为公司治理的核心，是股东利益的代表，对经营者进行任命、监督、激励、考核。大股东在董事会成员和经营者的任命及经营决策的批准方面具有重大权力，为了自身利益最大化，大股东（包括从消极状态转向积极状态转变的机构投资者）能够对经营者的行为进行积极的监督。监事会是对董事会和经营者行为合规进行监督的重要力量。在外部治理机制中，资本市场是一个重要的监督力量，股票投资者的行为显示了市场对经营者的评价，将给经营者带来巨大的压力。代理权争夺、接管和并购等控制权转移机制能够克服投资者信息劣势，通过控制权的转移惩罚"侵权和怠慢"行为严重的经营者。目标公司经营者为了保住其控制权从而会努力经营公司，提高公司价值。产品和要素市场竞争能够显示公司经营者的公司运作能力，经理人市场对经理人的未来价值产生重要影响。这些机制给经营者带来较大压力，在一定程度上减弱经理人的怠慢与侵权行为。债务融资因需要按时偿还本金和利息，减少了经营者的现金流，而对经营者的机会主义行为具有较强的约束力，因此也是一个重要的治理机制。此外，媒体舆论是一个逐渐引起重视的外部治理机制。

上述治理机制从理论上来讲非常完美，但在现实的伯利－米恩斯式公司中，管理层实际上已经支配并控制了董事会，董事为了保住其职位而失去了其应有的职能。被捕获的董事会和经理层之间将逐步达成共识：即他们相互之间合谋侵蚀证券持有者的利益比董事会和经理层之间的竞争更好。处于信息劣势的大量分散的小股东因为监督成本独自承担，监督收益却由全体股东共享，致使其监督收益不能弥补其监督成本，所以他们并没有监督动力、也没有监督能力，往往选择搭便车。而产品和要素市场的竞争机制因为是低效率的事后机制，且其市场约束作用对于产品创新行为和那些存在巨大经济租和准租金的行为等监督作用通常较弱（Jensen，1986）。恶意收购仅在英美等国家普遍发生，而在其他国家却并不常见。且多数学者研究表明，并购并不意味着效率的提高，但是并购能够通过经理人市场对经理人未来的价值形成沉重的打击，所以此种机制的威胁意味着经营者要努力提升公司价值。但青木昌彦（1994）指出由于机构投资者持有大量股票，从而管理层被淘汰的可能性大幅度降低，并购的此项功能正在消失。

二、第二类代理问题及其治理机制

Demsetz 和 Lehn（1985）、La Porta 等（1999a）和郎咸平（2000）等学者

的研究表明，伯利 – 米恩斯式企业并不多见，世界上大部分国家，即使英美两国公司中都普遍存在大股东。Shleifer 和 Vishny（1997）甚至认为，股权集中持有和控制性的所有权结构似乎是全世界的普遍规则。La Porta（1999b）等人通过对 27 个发达国家 371 家大型公司的研究表明：对于一些法律制度不完善，对股权权益保护不充足的国家，投资者往往通过股权的集中来保护自我利益，同时也论证了控股股东对中小股东的利益侵蚀行为的普遍存在。

大股东有利于减少第一代理成本。因为大股东的投资比较集中、缺少多样化而承担更多的风险，故其存在监督积极性，也有信息优势和能力实施监督，比如可以控制董事会从而实现对经理层的控制。大股东可以避免股权分散下的监督"搭便车"问题，甚至可以通过代理权争夺来剥夺经营者的控制权，上述方法可以减少第一代理成本。但是大股东的存在又可能导致监督过度，因为其存在对经理人剩余进行掠夺的可能性，从而抑制经理人创新力的发挥和经理人专用性人力资本投资（Burkart et al.，1997），从而不利于公司经营效率的提升。

同时大股东作为一个理性人，其有追求自身利益最大化的动机，而小股东仅仅满足于收益的获取。拥有控制权的大股东往往会通过过度投资、资金占用、关联交易等隧道效应获取与其持股份额不成比例的控制权私人收益，侵犯中小股东利益。大股东对小股东利益的侵犯造就了第二类代理问题。目前，学者们普遍认为第二类代理问题较第一类代理问题更为严重。

多种治理机制都可以用来克服第二类代理问题。最重要也是最根本的机制是通过国家立法的形式来保护投资者权益不受侵犯，如投票权、董事会等的设定。同时，股权制衡、加强信息披露能够使中小股东和其他利益相关者获得更多的信息，在一定程度上抑制大股东的控制权私人收益；提高董事会独立性有利于抑制大股东隧道效应，保护其他利益相关者的利益。

三、第三类代理问题及其治理机制

第三类代理问题是指公司本身（尤其是公司所有者）与缔约伙伴（如债权人、雇员、客户等）之间的利益冲突（克拉克曼 等，2009）[37]。现代公司的资本来源包含两个方面：股权资本和债权资本。债权人具有所有权状态依存状况下的双重角色，公司正常经营状态下其通常仅作为合约方获取合同收益，而当公司违背了债务条款时其才参与公司治理直至取得公司所有权甚至采取破产清算的行为。克拉克曼等（2009）[119-121]认为在这个过程中，债权人将有可能受到股东机会主义行为的侵害，如资产掠夺、资产置换和债权稀释。第三代理问题的严重程度取决于管理层和股东的利益一致性，一致性越高则意味着越有可能牺牲债权人的利益来获取股东的利益。股东追求的是利润最大化，而债权人追求的是能够获得契约所约定的利息并能够成功地收回本金。但是当债权人将资金投入公司之后，资金的实际控制权将转移到股东和经营者的手中。股东和经营者作为理性人，有冲动将资金投资于风险更高、收益也更高的项目，因为他们的冒险行为将有可能给他们带来较高的收益，而只需付出确定的利息，即使投资失败，成本则由债权人承担。Alchain 和 Woodward（1987）认为在契约不完全的情况下，股东将会获得全部收益，而成本却由债权人承担，所以股东和经营者侵占债权人利益的事情此起彼伏。

Williamson（1988）指出股权和债权不仅是公司主要的融资工具，更应该把他们看作重要的公司治理机制。大的债权人能够通过参与公司治理来维护自身的利益，但是小债权人往往选择搭便车行为。债权人参与公司治理具有状态依存的相机抉择性。在公司正常经营状态，债权人并不会关心公司的事务，而当经营困难时，其可以根据债务条款中的加速到期条款提前收回本金，也可以参与公司治理从而维护自己的权益，甚至可以剥夺股东和经营者的公司控制权[①]，采取破产、清算等程序来保护自我权益。而破产机制的实施将会使经营者名誉扫地，在经理人市场上身价大跌，所以破产机制对股东和管理层的约束在所有治理机制中是最强的，但是破产机制的实施需要有完善的法律保护作为前提。但是债权人只有在公司经营不良时才会相机参与公司治理，说明这一治理机制具有滞后性。

总之，不同代理成本意味着不同的利益冲突，存在不同的解决机制，如图3-4所示。

---

① 债权人参与治理不但需要法律的保护，同时也需要有大债权人或者众多小债权人联合起来，而不再采取"搭便车"行为，否则，即使在公司经营不佳的时候，债权人理论上的治理功能仍旧不能得以实施。

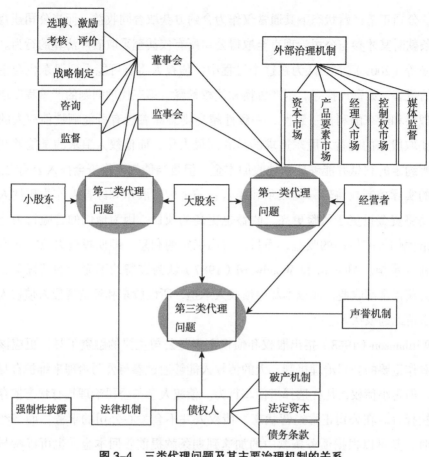

图3-4　三类代理问题及其主要治理机制的关系

第三节　保险公司治理特殊性研究

风险是指损失发生的不确定性,本书所指治理风险是指在经营管理过程中治理主体之间因可能存在的利益冲突而引起损失的风险。保险业存在众多特殊性,意味着保险公司治理中存在较多的潜在治理风险。而与此相对应的是这些治理风险导致保险公司治理中的利益冲突发生了转化,最终体现为保险公司治理的特殊性。本节将首先分析保险特殊性背后所潜在的治理风险,并在此基础之上分析保险公司治理特殊性问题。

一、保险业的特殊性与潜在治理风险

由保险业的特殊性所引致的治理风险主要体现在以下四个方面。

（一）保险产品特殊性与潜在治理风险

保险是一种风险汇聚制度安排，其经营对象是风险。保险公司盈利的数理基础是大数法则，只有聚集了大量同质风险，损失的概率分布才能够被较为准确地计算，预期损失也才能得以计算，所以保险业风险汇聚的结果就是大量风险在保险业高度集中。

保险产品的特殊性致使消费者处于弱势地位且往往被侵犯。保险人完全掌控产品研发的主动权和决定权，处于信息优势，而消费者处于信息劣势。保险产品的无形性、不可体验性，使得消费者对其所购买的产品存在严重的信息不对称，不能直观感知，不能做出真实的主观评价。复杂性与专业性及逆生产周期性等特性进一步加大了信息不对称，为消费者了解产品带来了更大的难度。保险产品的上述特性致使消费者处于信息劣势，其结果是具有信息优势的股东和经营者有机会侵占处于信息劣势的消费者的权益。李扬、陈文辉（2006）认为保险公司条款设计的复杂性、专业性为保险人随意定价留下了较大的空间。保险业发展的现实也说明了这一问题的存在，我国保险业自1980年恢复以来，就一直承担着准财政的职能，保险产品的费率厘定均由国家相关部门制定，被保险人所支付的保费与保险人所承担的保险责任之间存在严重的不平衡，国家通过保险公司获取了巨大的超额利润，通过表3-1中国人民保险公司20世纪80年代保费收入及理赔状况可见一斑，在20世纪80年代中国人民保险公司的整体赔付率只有36.36%。自1983年起，国家就已经将保险公司视为具有超额垄断利润的大型国有企业，对其征收5%的营业税、55%的所得税和20%的调节税（1985年之后改为15%）（孙祁祥 等，2007）[141]。

表3-1 中国人民保险公司20世纪80年代保费收入及理赔情况统计

年度	保费（亿元）	赔款（亿元）	赔付率（%）	年度	保费（亿元）	赔款（亿元）	赔付率（%）
1980	2.90	0.06	2.07	1981	5.32	1.56	29.32

续表

年度	保费（亿元）	赔款（亿元）	赔付率（%）	年度	保费（亿元）	赔款（亿元）	赔付率（%）
1982	7.48	2.45	32.75	1987	67.14	24.06	35.84
1983	10.15	3.78	37.24	1988	94.80	36.80	38.82
1984	15.06	5.96	39.58	1989	123.00	51.90	42.20
1985	25.70	12.5	48.64	1990	155.70	68.30	43.87
1986	42.32	18.89	44.64	合计	549.95	199.95	36.36

主要数据来源：引自《中国保险史》第469页。

（二）资本结构特殊性与潜在治理风险

保险公司资本结构存在高负债性、债权人的分散性和负债长周期性等特殊性，每一个特殊性都会在保险公司治理过程中带来不同的治理风险。

1. 保险公司资本结构的高负债性将会激励股东和经营者的冒险行为

保险公司资本结构的高负债性，意味着股东可以以"低股本"来运作大额资金，其投资运作成功时，收益除了支付债权人的利息之外都归股东所有，而当运作失败的时候，股东仅承担有限的责任，其损失的大部分由广大债权人分担（如通过惜赔或降低分红收益，甚至是破产清算等途径实现），股东与广大分散的债权人之间在收益与风险分担上存在不对等性。同时，分散的债权人因其监督成本和收益的不匹配性导致他们并不能联合起来与股东和经营者相抗衡。这些因素共同促使作为理性人的股东和经营者必然会选择冒险行为来追求利润最大化，而这些冒险行为势必会影响公司的稳定与发展，从而侵蚀债权人利益。

2. 债权人的分散性必然导致"搭便车"行为，致使债权人治理缺失

根据 Olson（1971）的分析，在一个集团中，因为集团收益是公共的，集团中每个人都可以享受集团的收益却并不一定为此付出相应的成本，从而集团中的成员并不能排除别人获取他为自己提供的集体物品所带来的收益，即集团成员的边际成本和边际收益不对等，从而理性的个人不会为实现他们所在集团的整体利益而单独采取行动，这就是"搭便车"理论。集团越大，分享收益的人员越多，"搭便车"现象越普遍。在第二章我们对保险公司资本结构特殊性进行分析的时候发现，保险公司动辄拥有数百万、数千万甚至数亿的债权人（客户群体），债权人数量庞大，但是每一个债权人对公司的债权占公司总债务比重微乎其微。广

大分散的债权人因其自身履行监督产生收益的共享性和监督成本的自负性，其监督收益并不能弥补监督成本，结果他们都选择"搭便车"，在保险行业存在严重的"一人拾柴，众人烤火"的监督现象。

综上所述，保险公司资本结构特殊性导致的股东和债权人的行为选择，都将激发股东和经营者选择过度风险的冒险行为，激发其追求更高利润的冲动倾向。尤其是在企业经营处于困境的时候，股东的这种损害债权人利益的道德风险行为将会更加明显（Jesen et al.，1976）。

3. 负债长周期性带来管理者"短视效应"更加明显

"短视效应"指管理层仅注重短期收益，而忽视长期收益和价值提升的行为。"短视"理论的支持者认为是金融市场的压力迫使公司经营者选择不适当的、仅注重短期收益的行动，从而损害公司长期价值的提升和竞争能力的增强（布莱尔，1995）[108]。关于产生"短视效应"的原因有很多，但在保险公司中，因其负债的长期性使得股东和经营者并不关注数十年后契约的履行情况（李扬 等，2006），因为届时契约是否履行、履行质量的好坏和现任管理者并没有什么直接利益关系，所以股东和经营者更多关注的是短期利益的获取而非长期价值的增加。保险公司之所以出现严重"短视效应"，原因主要有以下几个方面：首先，企业高管的产生方式所致。在国有控股保险公司，高管通过行政任命产生，其所关注的是短期经营业绩对其未来仕途的影响；而对于其他产权类型的保险公司，高管大多为股东单位选派且更换频繁，其本人并不持有所服务保险公司的股份，个人利益与公司长期价值关系并不密切，而关注短期利益则能够增加个人收入和股东认可度，并提升其信誉等无形资产；其次，保险契约的长期性致使经营者为了个人效用最大化而加重短视效应；第三，消费者在选择保险公司时，短期绩效是一个重要参考指标，即消费者的选择行为促使了管理者的短视行为，否则，如果一家保险公司高度关注公司长期价值的提升而忽视了短期绩效，则将失去保险市场，这是无论哪一个经营者也不愿意面对的状况。但是与消费者选择保险产品时行为不同的是，消费者在购买保险产品之后更关注契约未来履行的情况，他们虽然关心但并不是完全注重短期的得失[①]；第四，保险公司部分非"核心股东"仅注重

---

① 对于传统寿险产品、财产保险产品，消费者仅关注契约在约定事项发生时是否能够得到履行；对于创新型寿险产品的消费者，他们虽然关心短期内产品的收益（如结算利率和分红等）情况，但是他们更为关心的是产品未来的收益和契约是否能够得以履行以及履行的质量如何。

短期收益，关注股权转移获得的收益，而忽视保险公司的长远发展和价值提升，这也说明了在过去的数年中我国保险公司股权频繁发生转移的原因。

只要保险公司存续，则其负债将会源源不断地产生，以往负债和新负债之间呈现"时间上继起"和"空间上并存"的状态，其资本结构不会发生改变，意味着因这些特殊性所隐含的潜在治理风险也将会继续存在。

（三）保险契约的特殊性与潜在治理风险

保险契约存在众多的特殊性，这些特殊性部分来源于保险产品的特殊性，部分来自于保险契约本身，而契约的这些特殊性给保险公司治理带来了较多的困难。

1. 保险契约信息不对称与保险人和被保险人的行为选择分析

保险公司存在严重的信息不对称问题，且是双向的信息不对称：保险人具有公司经营信息、产品设计等众多信息，而投保人和被保险人具有保险标的的信息。双向信息不对称不但会带来投保人和被保险人的事前逆向选择行为（如带病投保重大疾病保险）（李连友 等，2014）和事后道德风险行为（如骗赔或促使契约约定事项的发生），同时也会带来保险人的事前隐匿信息行为（即误导，如夸大产品收益等不实宣传）、事后采取隐匿行为的行为（如不承担赔付责任等行为）。保险人在多年的经营管理过程中，不断总结和采用各种新的机制来控制投保人和被保险人的逆向选择和道德风险行为，但是对于保险人的事前隐匿信息和事后隐匿行为的行为除了保监部门监管措施外，债权人并未有切实可行的办法。总体来讲，各具自身信息优势的双方中，被保险人相对来说处于弱势地位①。

2. 保险契约的不完备性给保险人侵占被保险人利益留下了空间和可乘之机

保险公司所经营风险的外在表现形式就是保险公司和投保人之间签署的保险契约，而这一契约因面临长期性、信息不对称性等特点决定了契约的不完备性严重。除了一般不完全契约的特点之外，保险契约对于未来保险人承诺的给付事项是否能够履行具有不确定性，进而对保险人没有进行承诺的利益如分红等投资收益的不确定性加大。

---

① 近年来我国保监会较为重视消费者权益保护工作，在 2011 年设立了保险消费者权益保护局，之后开通了 12378 保险消费者投诉电话，但是在保险展业过程中，仍然广泛存在误导、欺诈等侵犯消费者权益的行为。根据保监会公布的 2013 年保险消费者投诉情况的通报显示，当年涉及保险合同纠纷和涉嫌保险公司违规违法行为的案件为 22408 个，占全年有效投诉总量的 98.83%。信息来源保监会网站：http：// www.circ.gov.cn/web/site0/tab5246/info3920157.htm。

3. 保险契约的长期性使得契约购买方的交易风险与主动权完全掌握在保险人手中

保险契约尤其是寿险契约期限往往长达几十年，契约所约定的保险责任届时是否能够得到高质量地履行（如预定利率所确定的固定收益能否获取及与投资收益相关的如分红收益的高低）取决于保险公司经营的稳健性和在此期间投资收益率的高低。从理论上讲，作为保险契约的双方，保险人和投保人都应该关注保险公司的长期效应。但是，我国各家保险公司普遍采取粗放型规模扩张的赶超战略，虽然短期内能够增加保费收入及市场份额，但是从长期来讲，这样做势必会破坏保险市场的生态平衡，导致保险业发展后劲乏力，甚至会出现"成长型破产"。保险公司只有注重长期效应，关注内含价值增长，着力于提升自身核心竞争力，才能保证长期契约约定事项的履行。

4. 保险契约的交易成本较高

因为保险产品的无形性、条款的专业性、复杂性、契约的不完备性以及严重信息不对称问题到使投保人对保险合同的阅读成本和双方履行不完全契约的成本较高，从而使得债权人参与治理的成本较高。

除此之外，保险公司是人力资本密集型行业，其人力资本具有较强的专用性。保险公司交易的是无形的风险，其价值体现为人力资本专业知识劳动的凝结。保险业的快速发展需要保险从业人员不断进行专业知识的投资，而专业知识投资越多（如精算师），他们的专用性就越强，意味着他们被"敲竹杠"的可能性就越大，故其所面临的风险也就越高。人力资本的专用性为保险人侵犯人力资本所有者的利益提供了可能。

（四）政府监管特殊性与潜在治理风险

商业保险公司承担着广泛的社会责任。保险业经营目标存在多元化特性，一方面保险公司是企业，要追求利润最大化和股东价值最大化；另一个方面保险公司要承担对投保人和被保险人的经济补偿或给付责任，这一目标要求保险公司要追求长期经营的稳健性，而不能仅仅注重短期的利润最大化；除此之外，保险公司还承担资金融通和社会管理等职能。所以保险公司经营的好坏，不但直接关系到数量庞大的投保人和被保险人的利益，而且保险业作为金融业的重要组成部分也将对整个金融环境产生直接影响。

保险具有一定的国家担保性。国家担保性意味着当消费者利益受到损失时由国家承担支付责任，降低了投保人对保险公司本身风险的关注（李扬 等，2006），也降低了投保人参与公司治理的积极性。国家担保性的最终结果就是大量分散的债权人治理作用完全消失。国家担保性的存在激发了股东和经营者选择冒险行为的冲动。

政府部门作为债权人代表参与保险公司治理。在保险公司治理过程中，对于保护债权人利益的动机往往是比较弱的，而保险又具有广泛的社会性和一定的国家担保性等特性，因此需要政府部门代表广大债权人（投保人）及国家的利益对保险公司切实地履行起监督职责，从而加强保险公司内外部治理机制的作用。

保险监管的特殊性决定了敌意收购行为收益的减小。保险公司在进行股权结构变更的时候需要按照严格的程序报保险监管部门的批准，这一过程将会减少收购者的收购收益。敌意收购行为在股票市场上运作，而我国保险业上市公司较少，上市公司股本规模巨大，敌意收购行为在我国目前保险市场运作可能性较小。

二、保险公司利益冲突转化与治理特殊性

第一类代理成本问题是自学术界开始研究公司治理以来的焦点所在，直到20世纪90年代末期，La Porta 等将学者们的视线牵引到了第二类代理成本问题，认为世界上大多数国家都存在集中的股权结构，而大股东能够较好地控制第一类代理成本问题，但相对于第一类代理成本问题，大股东对中小股东利益的侵害却普遍存在，而且第二类代理成本严重程度要比第一类代理成本问题更为突出。但是，在保险业，我们发现第三类代理问题较前两类代理问题更严重。一般公司中所存在的利益冲突在保险公司中发生了明显转化，利益冲突的转化带来了保险公司治理结构及治理机制的相应变化。

（一）保险公司利益冲突转化

保险公司治理中利益冲突引致的代理问题较一般公司有所不同，主要体现在

以下三个方面。

1. 第一类代理问题弱化

在伯利 – 米恩斯式公司中，第一类代理问题是所有公司治理问题中最为核心的问题，众多治理机制也是针对这一问题而产生的，如董事会、激励机制、选聘机制、市场机制等。但是在保险公司中，因为其资本结构高负债性、债权人分散性、负债长期性及信息不对称性等特点，不具有信息优势也不具备监控意愿和能力的债权人缺乏一般公司债权人所具有的对公司监督和控制的积极性。虽然股东与经营者之间的利益不一致问题仍然存在，但是保险公司中代理链较一般公司要长，股东和经营者发现二者之间的合谋而带来的利益可能比为解决股东和经营者之间利益不一致而产生的收益要大很多，所以虽然在保险公司中第一类代理问题仍然存在，但相比于一般公司其严重程度明显降低，而与此同时，股东与经营者合谋侵犯债权人利益的行为却更为严重，也即在保险公司中第一类代理问题有所弱化，而第三类代理问题却明显恶化。

尤其是我国目前保险公司的经营中，大多保险公司股东数量有限，且较多合资保险公司只有 2 家股东，多者也不过几十家（除了几家上市公司之外，因为上市公司存在大量的小股东），相比于公司的股东，任何一家保险公司的客户数量都数以万计，多者达到数亿的客户量。同时，保险公司具有高负债性，这些特点决定了保险公司股东和经营者合谋而选择高风险冒险行为从而以期获得更高利润的冲动比较容易。而且，中国经理人市场与西方相比较严重落后，保险公司经营者和董事会基本都是由股东单位选派，他们都代表的是股东利益，二者利益一致性较强，而冲突较弱，所以我国保险公司第一类代理问题并不是很严重，反而股东和经营者联合起来更加容易，加剧了第三类代理问题的严重性。

2. 第二类代理问题冲突与合谋并存

第二类代理问题描述的是公司内部大股东凭借其控制权而侵犯中小股东利益的行为，其根源于股权结构的安排。保险公司因为资本结构特殊性、信息不对称性及资产交易不透明性等较一般行业更为严重，使得保险公司中利益侵占行为更加隐蔽而难以察觉。在西方保险公司，因上市公司数量众多，股权结构较为分散，存在众多的中小股东，大股东凭借其控制权可以获得控制权的私人收益。

而在我国，截至 2015 年年底，只有 6 家上市公司（中国人寿保险股份有限公司、中国平安保险（集团）股份有限公司、中国太平洋保险（集团）股份有限公司、新华人寿保险股份有限公司、中国人民保险集团股份有限公司和中国太平保险集团有限责任公司。这些保险公司有整体上市，也有部分上市，有国内上市，也有海外上市），除此之外的大多保险公司股东数量有限，且股东持股比例差别并不明显，如数量有限的股东均等持有公司股份，且股东基本都委派董事参加董事会。部分公司股东数量虽然较多，但是持股比例也较为均衡。所以在我国，保险公司股权结构制衡能力较强，第二类代理问题虽然存在，但是较一般公司的第二类代理问题明显弱化。又因保险公司高负债、负债期限长，一定的国家担保性等决定了股东之间合谋的可能性。

国家政府部门对保险业的严格监管减弱了第二类代理问题。因为保险业特殊性的存在，各国政府部门都较为重视对保险行业的监管，比如保险业经营主体的进入与退出、兼并与收购等方面，严格的监管形成了保险业特殊的股权结构，股东之间的竞争并不激烈。所以，在保险公司经营中，第二类代理问题既存在冲突又存在合谋而共同侵犯债权人的利益。

3. 第三类代理问题凸显

保险公司的特性决定了第一、第二代理成本问题虽然存在，但是他们基本上都存在合谋的可能性，从而转化为第三代理成本问题，即对债权人利益的侵害，所以保险公司中的第三代理成本问题是保险公司治理的核心所在。但是，保险公司第三代理成本问题最终体现为股东与债权人的利益冲突吗？

（1）高负债率增加了股东的冒险行为，股东将与经营者合谋而侵犯债权人的利益。保险业的高负债经营，意味着股东只需要很少的自有资本就可以经营巨大的公司资产，而股东责任的有限性又意味着即使经营失败，股东只承担有限的责任，其余的损失最终由债权人承担，而一旦经营成功，股东将能够获得大部分的收益，而债权人只能获得固定的利息。理性的追求利润最大化的股东毫无疑问会追求高风险的投资或其他侵犯债权人利益的行为，以期获得更高的收益。股东和经营者之间将会合谋而侵犯债权人的利益。

（2）信息不对称问题将加大股东的冒险行为。信息不对称问题在保险业中尤为明显，对具有信息优势的保险人来讲，信息不对称意味着其在事前可以采取隐匿信息的行为，比如定价过高、不如实宣传保险产品、夸大产品收益等不诚信行为，从而诱使消费者选择其保险产品；而在事后，又可以采取隐藏行为的行为，比如不承担保险契约的约定、虚假信息披露或披露不完全、将保险资金投资于高风险的项目，从而危及债权人未来的利益。

（3）保险保障基金进一步激发了股东和经营者的冒险行为，也使得债权人治理缺失。为了维护广大债权人的利益，保险保障基金是通过筹集专项资金来补偿破产保险公司客户利益的最后一道制度安排。保险保障基金的存在意味着第二类债权人的利益会有一个最低程度的保障，即使当保险保障基金的资金并不足以支付保险公司破产而承担的对广大债权人的权益的时候，国家也将承担起最后支付人的角色，所以，本来就存在严重"搭便车"行为的广大债权人将会完全丧失监督动力，为股东和经营者的侵权行为提供了可乘之机。

（4）保险业具有广泛的负外部性，要求政府部门作为广大债权人的代表参与公司治理。保险公司经营的是风险，而保险公司存在较为严重的规模偏好，即意味着保险公司风险更加的集中。保险业本身存在的脆弱性意味着当保险业风险发生的时候，整个国家经济及金融安全都会受到一定的冲击，甚至引发金融危机。

上述特点决定了，在保险公司中，第三类代理问题最为严重，而广大分散的小债权人存在严重的"搭便车"行为，且保险保障基金的存在使得小债权人治理动力完全丧失，同时严重的负外部性和脆弱性及一定程度上的国家担保性，共同决定了广大债权人治理的角色必须有一个代表，这个代表就是政府监管部门。政府监管部门作为广大债权人的代表参与公司治理也体现了"监督具有规模经济"（张维迎，2014）[276]的特点。当政府监管部门作为代表参与保险公司治理时，未被保险的第一类债权人监督意愿将有所弱化。所以保险公司第三类代理问题转化为政府监管部门与股东及经营者之间的利益冲突。

保险公司利益冲突转化通过图3-5可以较好地表达出来。保险公司利益冲突的转化意味着保险公司治理结构与治理机制存在一定的特殊性。

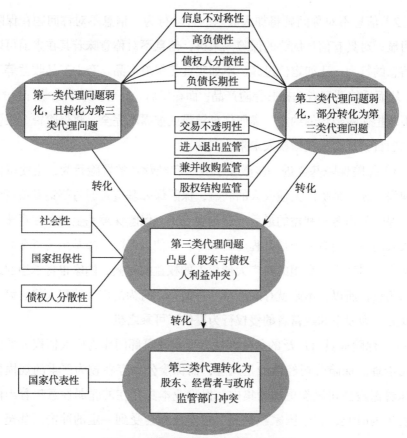

图3-5　保险公司三类代理问题及转化

（二）保险公司治理特殊性分析

保险业的特殊性带来了众多潜在治理风险，同时也引致三类代理问题在保险业中利益冲突发生了转化。第一类代理问题在保险行业中虽然仍然存在，但其显著性下降，且可能转变为股东和经营者合谋而侵犯广大债权人的利益；第二类代理问题在保险行业中因为资产交易不透明性等信息不对称问题较一般公司更为严重，所以这一问题在股东较多且相互之间持股比例相差悬殊的保险公司会加重，但是对于我国保险公司来讲，除了上市公司之外，保险公司股东数量少，且股权制衡度较高，这个问题并不是非常严重，而可能是股东之间合谋而共同侵犯债权人的利益；保险业的特殊性使得第三类代理问题较为严重，保险行业中股东与经营者、大股东与中小股东之间的利益冲突都转化为了合谋共同侵犯债权人的利益，而债权人又因为自身特殊性而没有监督意愿、动力和能力，这些都加剧了第三类代理问题。保险业的第三类代理问题表面上表现为股东、经营者与债权人的利益冲突，但是保险监管部门作为债权人的代表和国家的代表参与公司治理从而维护债权人的利益，所以其实质上体现为股东与政府监管部门的冲突。

为了控制代理问题，各种内外部公司治理机制应运而生。公司治理机制可以划分为内部治理机制和外部治理机制。内部治理机制主要包括股东大会、董事会、监事会等通过选聘、监督、激励、决策等机制发挥作用，是公司治理的基础；公司外部治理机制主要包括控制权机制、资本市场、产品和要素市场竞争、经理人市场、声誉机制、债权人治理、政府部门监督约束等。在一定的公司治理环境中，内外部治理机制相互配合，以期达到更好的治理目的。

1. 外部治理机制在保险公司作用受阻及其应对措施

Leibenstein（1966）和 Machlup（1967）均认为产品和要素市场是有效地约束经理人行为的措施，从而能够抑制或克服经营者的怠慢与侵权行为，降低代理成本。产品和要素市场发挥作用的前提是企业是价格接受者，而对于新的存在大量经济租和准租的经济活动来讲，产品和要素市场的监督作用却是非常微弱的。保险产品的专业性和复杂性使得保险公司不再仅仅是价格接受者，而在一定程度上体现为价格的制定者，尤其是大的保险公司，占据市场领导地位，其价格制定者的角色更加明显。保险业属于有限竞争的自然垄断行业（邵全权等，2005），产品和要素治理机制发挥作用的前提不完善。同时，保险行业高负债比、信息不对称等特征，致使竞争信息的获取困难，产品和要素市场竞争机制作用受阻。

严格的政府监管，经理人市场、兼并收购等机制作用发挥有限。保险业属于非银行金融业，各国对保险业的监管都较为严格。严格的监管包括都投资主体资格的审查、经理人任职资格的核准等，政府的严格监管及保险业严重的信息不透明问题致使在一般公司中作用良好的经理人市场机制、兼并收购机制在保险业发挥的并不理想，因为进入和退出都需要获得批准。同时，我国经理人市场、资本市场建设滞后等都制约了上述机制职能的发挥。而政府监管在一定程度上被视为是对这些滞后机制的一种补充。

债权人治理机制不能完好地发挥作用。通过前面的分析发现，广大分散的被保险了的债权人不能够获得参与公司治理所需要的公司经营信息，同时他们也不愿意参与公司治理，所以保险公司债权人治理机制自一开始就存在缺陷。随着保险业风险越来越集中，为了控制金融风险，政府监管部门就开始设计各种制度来应对风险的发生，比如保险保障金制度。与此同时，监管制度越是完善，债权人就越不愿意参与公司治理，而债权人越不愿意参与公司治理，公司治理的风险也就越高，因此公司治理就陷入一个恶性循环。作为广大债权人的代表，政府监管部门通过监管限制和监督来动态监控各公司和整个行业的偿付能力充足率，控制保险公司资产组合的风险程度，对高管、董事、股权变动、业务范围、营业区域等都做出了严格的监管，以此来控制保险公司的治理风险。所以在保险公司治理机制中一个较为突出的治理机制就是政府监管部门治理。政府监管部门治理不但能够降低第一代理成本，也能够防止大股东对中小股东利益的侵蚀，更重要的是代替了广大债权人参与治理从而维护了广大债权人的利益，政府监管部门治理作为外部治理机制的替代在保险公司治理中发挥着重要的作用，能有效地避免保险业系统性风险的发生。

但是，政府监管部门参与治理，就像一把双刃剑，在降低各类代理成本问题的同时，却影响到了各类市场治理机制作用的发挥。有学者指出，政府监管部门参与治理并非完全照顾债权人的利益。关于保险监管主要存在三种主要理论："公共利益"理论、"私人利益"理论和"政治"理论。属于规范经济学范畴的"公共利益"理论认为政府监管的最终目的是为了保险消费者的利益免受侵害，是为全体公共利益服务的；而属于实证经济学范畴的"私人利益"理论（如最著名的"捕获理论"）则认为监管者往往被被监管者所捕获，从而为了私人利益集团而服务，Stigler（1971）及 Gardner 和 Grace（1993）指出，特殊利益集团会为自身利益不断去"寻租"，即对监管者施加影响；"政治"理论则认为监管是不同利益集团之间（消费者、监管者、立法者、被监管者等）相互讨价还价的结果。本书在讨论监管时是以"公共利益"理论为基础的。

信息披露不及时、不充分。信息披露机制缓解信息不对称问题、利益相关者参与治理这些都对保险公司治理具有重要作用。保险监管部门应该加强立法，增强对信息披露的监督，确保保险公司重大信息能够及时、全面、准确地进行披露，从而减弱各类代理问题。

媒体舆论的监督作用有待进一步提升。媒体的舆论监督功能在公司治理中的作用越来越受到重视，学者们一般认为媒体能够促使政治家修改并有效实施相关法律，以在公众心目中维持一个好的公共形象（Beasley et al.，2006），同样能够迫使公司董事、经理保持一个好的声誉。此外，媒体还能改变消费者的选择行为，如影响资金流向从而对公司的经营产生极为重要的影响。但是，媒体公司治理功能的发挥需要一个竞争性的媒体环境，因为在非竞争性的环境下，媒体的寻租行为将会带来严重的效率损失（郑志刚，2007）。保险业最重要的资本是诚信，所以媒体舆论的监督行为将起到非常重要的监督作用，但是媒体的非竞争性和保险利益集团的强大力量严重削弱了媒体对保险业的公司治理职能。

法律制度的不完善也使得外部治理机制发挥作用的基础薄弱甚至缺失。契约能否得到履行以及履行的质量如何、中小股东的利益能否得到保护、债权人的权益能否不受侵犯、人力资本所有者是否不被"敲竹杠"等，都需要完备的法律来提供制度保证。法律制度的不完备致使利益相关者的权益受到侵犯的时候，无法可依、执法不严、违法不究等现象就会普遍存在，行业的发展将会受到巨大的制度障碍。

2.内部治理机制及新特征

通过上面的分析，可见众多外部治理机制在保险业功能受限，而如何切实提升保险公司治理，毫无疑问，应该"侧重内部治理机制"（李维安 等，2009），内部治理机制是保险公司治理的主要机制。

公司治理的核心——董事会在保险公司治理中的信托责任应延伸至广大债权人和监管者。董事会，是公司治理的核心，其职能日益重要，"董事会中心主义"已被学术界所认同。董事会作为股东的代表，对股东大会负责，同时对股东大会承担信托责任。而在金融业治理中，Macey 和 O'Hara（2003）指出，因为银行股东和债权人之间利益冲突的特殊性，董事的信托责任、注意和诚信义务就不应该仅对股东负责，而应该将责任和义务延伸到债权人和监管者。毫无疑问，在保险公司治理中，董事的信托责任也应该延伸至债权人和监管者。如果董事会违背了对债权人的信托责任，则债权人往往会遭受众多潜在损失，比如如果董事会通过新增保费来掩盖经营亏损的事实，而继续向股东分红，则债权人并没有能力对此事实作出判断。因此，从这个角度来讲，保险公司应增强董事会的独立性、增强精算师及外部审计人员的独立性，并强化董事会信托责任。

专业化是保险公司董事会的另一显著特征。保险公司董事会除了一般公司董事会中的战略规划、咨询、监督等职责之外，更要关注保险公司的合规经营和风险管理，确保公司在合规的渠道上稳健运营。因为保险业经营的是风险，而目前金融创新层出不穷，保险业务及资金运作所面临的未知风险日益增大，为了控制风险，要求董事会必须对公司所开展的每一项业务可能面临的风险都要完全掌握。因此，保险公司董事会成员要具有风险识别和风险管控的能力，从而保险公司董事会成员所体现出的与一般公司董事会成员不同的特征就是专业化。董事会成员的专业化建立在其工作经历、行业背景及教育背景等方面，同时也体现在专业委员会建设实现专业化决策方面。

为了更好地完善保险公司治理机制，董事会的独立性是极为重要的一个方面。保险公司董事会对广大债权人的信托责任，需要保险公司加强对债权人利益的维护，而只有独立性强的董事会才能够更好地为广大债权人服务，而不是作为"俘虏"进行工作。对于我国保险公司董事会，董事会成员大多来自股东单位，第三类代理问题严重，更需要通过提升董事会独立性来维护广大债权人的利益。

股权结构决定着控制权和索取权的配置，是开展公司治理的基础与前提。优化股权结构的途径包括增资扩股、发行股票和其他融资方式，其关键在于引进民营资本和外资资本的进入。

激励机制和选聘机制对保险公司经营效率和长远发展极为重要。为了促使经营者关注公司经营业绩，一致化股东和经营者利益、股票期权等激励办法在一般公司中已经广泛采用，且所占比重越来越高。但保险公司高负债性等特殊性决定了股东具有选择冒险性行为的冲动，如果在激励机制设计时选择高敏感性的薪酬—业绩方案，将会激发经营者的冒险行为，价值经营者管理绩效难以衡量，所以保险公司激励机制应该较一般企业降低薪酬与业绩的密切度，保护广大债权人的利益。如何设计良好的激励方案最大程度一致化股东、经营者和债权人的利益？如何选聘出优秀的经理人？这是在保险公司与一般公司治理中同样面临的困难。

3. 政府监管部门在我国保险公司治理中的归属探讨

政府监管一般被认为属于广义的外部治理机制，目的是通过提供法律来维持一个行业发展所需要的健康的环境，保证行业的公平竞争，中国保险监督管理委员会作为全国保险行业的最高监管机构，毫无疑问亦担负同等职能。从这个角度来讲，中国保监会是行业秩序的维护者，属于一个外部治理机制。而关于外部治理机制，学者们一般认为其无法对代理人产生直接的治理作用，必须通过内部治理机制才能产生治理效果（剧锦文，2012）。但是目前阶段，保监会除了通过向保险市场提供保险行业的法律、法规，维护保险业的合法、稳健运行外，同时已经参与到了保险公司的内部治理之中，比如根据《保险公司董事和高级管理人员任职资格管理规定》规定，保险公司在任命董事和总公司、分公司、中心支公司的总经理、副总经理、总经理助理、总公司董事会秘书、合规负责人、总精算师、财务负责人时需要经过保监会核准后才能具有任职资格，不经保监会核准的任命无效，也即意味着虽然不具有上述人员的提名权和任命权，但是具有一票否决权，如保监会2014年并没有核准中煤保险股份有限公司提名的个别董事的任职资格。同时，在职董事高管如果违反了保监会规定，保监会可以责令进行撤换，如2010年保监会责令撤换了瑞福德保险股份有限公司董事长、总裁郝正明和副总裁李涛。超过一定比例的保险公司股权转让也需要经过保监会批准，否则股权不能得以转让。所以，保监会并不仅仅在事后通过"间接的市场方式"才发挥作用，而是采取"直接的行政方式"参与到了公司事前、事中和事后的治理之中。通过上述分析，本书认为，保监会在我国保险公司治理中既承担外部治理机制的角色，又承担内部治理机制的角色，所以是一个双重治理机制（或者称之为混合治理机制）。虽然其内部治理职能的角色正常情况下看起来并不发挥作用，但却时刻在进行着信息甄别、筛选及决策的批准与监督等关键职能。图3-6显示了保险公司利益冲突及治理机制分析。

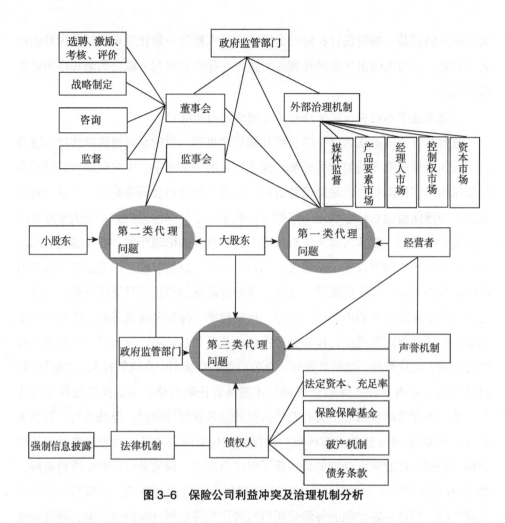

图3-6　保险公司利益冲突及治理机制分析

第四节　保险公司治理框架与董事会治理重要性分析

经过前面的分析我们已经清楚地看到保险公司治理的特殊性，正是这些特殊性决定了董事会在保险公司治理中具有核心的作用。

一、保险公司治理框架

通过保险公司治理的特殊性的分析，可以从以下几个方面归纳保险公司治理框架。

（一）保险公司经营的特殊性

保险公司在经营过程中存在保险产品、资本结构、保险契约和政府监管等众多方面的特殊性。如保险产品存在无形性、不可体验性、专业性和复杂性、"逆生产"周期性及承诺性等特点；资本结构的特殊性包括高负债性、债权人的分散性和负债长周期性的特点；保险契约的特殊性不但包括因产品特殊性所引致的承诺性、长期性、专业性、复杂性等特点，还包括保险契约本身所包含的射幸性、附和性、不完备性、双向信息不对称性、对投资收益的依赖性及国家担保性等特点；而政府监管的特殊性则包括市场准入监管、股权转让监管、高管任命监管、现场及非现场检查、规定信息的定期报送及产品备案等。正是这些特殊性使得保险公司在治理的过程中包含众多的潜在治理风险。

（二）保险公司治理风险的特殊性

保险公司每一特殊性背后都有一定的潜在治理风险。比如保险产品的特殊性意味着保险消费者存在信息劣势，而保险人存在信息优势，保险人能够侵犯广大消费者的权益；资本结构特殊性不但激励了股东及经营者的冒险倾向，加重了其"短视"行为，也带来了债权人"搭便车"行为，导致债权人治理缺失；保险契约的特殊性使保险人能利用契约对消费者利益进行侵害；而国家担保性的存在不但进一步弱化了债权人治理，同时也弱化了众多外部治理机制作用的发挥。

（三）保险公司治理中利益冲突的特殊性

保险公司治理中潜在的治理风险带来了公司治理中利益冲突的转化。公司治理从最初的对第一类代理问题的关注，逐步过渡到了对第二类代理问题的高度重视。而在保险业中，因为其众多特殊性所带来的潜在治理风险，将一般公司中存在的利益冲突进行了一定的转化，如第一类代理问题虽然存在但是有所弱化，而第二类代理问题冲突与合谋并存，但是与此同时，第一、二类有可能转化为第三类代理问题，从而本就极为严重的第三类代理成本问题在保险公司治理中更为凸显。利益冲突转化的必然结果就是保险公司治理目标存在特殊性。

（四）保险公司治理目标和治理理论的特殊性

"股东主义理论"和"利益相关者主义理论"两种公司治理理论近几十年一

直在不断地争论，但在保险行业，关注利益相关者利益毫无疑问是理论界的共同选择。在保险行业，因其资本结构、保险契约、产品等众多特性决定了保险公司治理的目标不应该仅仅追求股东利润最大化，因为股东在保险公司中的出资比例低且承担有限责任，仅追求股东利润最大化的治理目标无疑会激发股东之间和股东与经营者之间的合谋行为，所以广大债权人的利益要放在同等甚至更为重要的位置。因此，保险公司治理的首要目标应该是充分保护广大债权人的利益不受侵犯，即保险公司应该追求风险最小化前提下的收益最大化。

债权人利益保护体现在保险公司拥有较高的偿付能力充足率，确保保险契约的履行。同时，保险公司治理应高度关注保险公司可能面临的各种风险，预防未来不确定损失可能带来的偿付能力不足情况的出现。但是，保险公司作为资本的载体（李维安 等，2009），利润最大化是出资者的根本追求，所以保险公司追求利润最大化无可厚非，但追求利润最大化的前提是对风险的识别和控制。保险产品的准公共性又决定了其在追求利润的同时也要承担社会管理的职能。

除了保持充足的偿付能力充足率和公司的稳健经营之外，保险公司为了更好地履行对广大债权人的责任还要关注公司的成长性，只有不断增大资产规模、提升市场份额等才能保证公司未来对客户的责任。同时，保险公司也要加强自身的经营管理，提高经营效率和盈利能力，维护股东和广大债权人的利益。所以注重对债权人利益的保护应该是其最重要的治理目标。

此外，保险公司是人力资本高度密集型行业，人力资本专用性投资明显。从保险产品设计的思想创新、产品费率精算、营销、承保、核保、责任准备金提取与运用、理赔等所有环节无不体现着保险从业人员专有化人力资本的运用到所以保险公司应该考虑保险从业人员的利益。保险公司还是具有高度社会性的行业，因为金融系统的脆弱性，多米诺骨牌效应一旦发生将会导致更加严重的后果，甚至可能诱发金融危机而危及国家经济安全。综上所述，保险公司的经营目标应该定位于风险最小化前提下的利润最大化。

关于保险公司治理理论的选择。一般公司经营的目标是追求股东利润最大化，而在保险公司中广大债权人的利益应该放在最重要的位置上，保险从业人员的利益也应该放在较为重要的位置上，保险公司经营目标应该选择利益相关者利益最大化而非股东利益最大化。利益相关者共同治理的治理模式即使在一般行业可能基础缺失，但是在保险业再强调也不为过。

（五）保险公司治理主体的特殊性

保险公司的治理目标决定了保险公司治理主体不应仅仅局限在股东，而应该扩展到股东、债权人、人力资本所有者和政府监管部门等核心利益相关者。

从法律上来讲，公司归股东所有，股东参与公司治理毋庸置疑。而保险业的特性决定了其资本最主要来源提供者——债权人也是治理的主体之一，但是因债权人的特殊性致使债权人治理缺失，债权人代表难以直接参与公司治理，所以政府监管部门要作为广大债权人的代表参与公司治理。此外，未保险的第一类债权人也是公司治理的主体之一。保险业是人力资本密集行业，人力资本对于保险公司稳健健康发展具有极为重要的作用，且人力资本相对于物质资本的稀缺程度愈加明显，所以人力资本所有者也应该成为保险公司治理主体之一。所以，保险公司治理模式将放弃"股东单边治理"而选择"核心利益相关者"[①]的"共同治理"的模式，如图3-7所示。

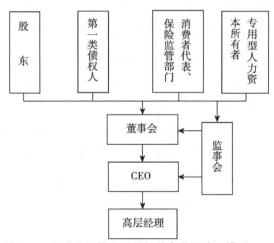

图3-7 保险公司核心利益相关者共同治理模型

① 自利益相关者这一定义被提出来之后，学者们进行了广泛深入地探讨，将利益相关者的定义从刚开始的狭义定义逐步扩展到了广义定义，再到对这一定义的多维细分。众多研究成果认为，企业利益相关者之间并非是同质的，而是存在多维度的差异。而不同的利益相关者对企业存在和发展的重要程度也存在显著差异，有的利益相关者对于企业的存在和发展必不可少，而有的却可有可无。而核心利益相关者即指对公司的存在和发展不可或缺的那部分利益相关者。核心利益相关者的定义避免了利益相关者定义的宽泛所带来的不确定性。关于核心利益相关者定义的有关论述参考了邓汉慧、赵曼的研究。

（六）保险公司治理结构的特殊性

张维功（2005）从功能的角度定义了保险公司治理结构，认为其应该通过实现风险汇聚的比较优势，从而降低代理成本。完善的公司治理结构是取得良好公司治理效果的前提条件。因其行业特殊性所在，保险公司治理结构除了按照《公司法》所要求的股东大会、董事会、监事会、经理层"三会一层"的架构设置之外，还要按照保监会的文件要求构建合理的治理结构，如董事会规模、专业委员会数量、独立董事比例、董事专业背景、董事及高管管理办法、总精算师管理办法及董事会运作指引等。

精算师在保险公司治理中不可或缺。保险公司经营对象为风险，从保险产品研发、定价到经营风险的控制等方面都体现出了保险业的专业性，作为精算师在这整个过程中占据专业的核心地位。精算师应该对股东会和董事会负责，所以精算师在保险公司治理结构中占据重要的地位。我国保监会也积极鼓励总精算师进入董事会。

董事会在风险管理和合规控制方面的作用凸显。保险公司的董事会职能除了一般公司中的三大职能之外，还承担着风险控制和合规经营等职能，同时这也是保险公司董事会的核心职能所在。董事会必须时刻关注并定期评估保险公司所面临的市场风险、信用风险、保险风险、流动风险、战略风险、操作风险和声誉风险，确保保险公司在合理的风险范围内开展业务。

保险公司治理结构的完善目的之一在于防范化解风险、促进保险公司稳定发展。各国保险监管部门都高度重视保险公司治理结构问题。如我国香港 2002 年发布的《保险公司治理指引》、2004 年 IAIS 发布的《保险公司治理核心原则》都强调了保险公司治理结构的重要性。我国保监会将保险公司治理结构的完善作为从源头上防范风险的重要举措。

（七）保险公司治理机制的特殊性

因为保险业的特殊性，保险公司外部治理机制功能发挥受到抑制，而政府监管部门作为外部治理机制的替代发挥作用。这和一般公司外部治理机制存在明显的差异。

董事会是内部治理机制的核心，而且董事会及经理层的信托责任也扩展到了债权人和政府监管部门。董事会除了一般功能之外，还要承担起风险识别、风险控制、合规经营等职责，所以对董事会成员的从业背景、专业素质、个人素养等都有较高的要求。恰当的股权结构对于克服第一、第二代理成本问题具有显著作用，国家监管部门对保险公司的股权结构进行了严格的控制。鉴于保险契约双向的信息不对称性，信息披露在保险公司治理中的作用极为重要。

内部治理机制和政府监管的互补作用。外部治理机制在保险行业所起的作用微弱，尤其是在我国，市场机制的不成熟及监管部门的严格监管，外部治理机制作用的发挥受到了较大限制，从而政府监管机制维护着行业的运行，替代理论在治理机制之间作用明显。

（八）保险公司治理评价的特殊性

保险公司治理目标决定了对保险公司治理绩效进行评价时不能简单地采取利润指标，而应该综合考虑股东利益、债权人利益保护、合规经营等众多方面。目前，我国并没有设计并出台保险公司治理评价的办法，不过 2009年保监会颁布的《保险公司统计分析指标体系规范》根据保险业实践并借鉴了国外的先进经验，筛选出了代表性较强的 5 个大类指标[①]，包含 77 个小指标，这些指标的定义为未来保险公司治理打下一定的基础。李维安、郝臣（2009）认为保险公司治理评价应该重点关注利益相关者治理、内部治理、合规经营和信息披露 4 个方面。保险公司治理评价是国内外未来应该重点关注的一个领域。

通过上述分析，可以对保险公司治理逻辑框架进行归纳，如图 3-8 所示。

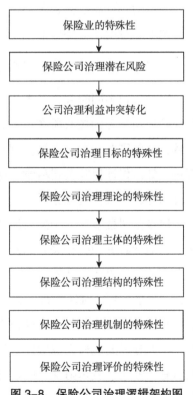

图 3-8　保险公司治理逻辑架构图

保险业的特殊性

保险公司治理潜在风险

公司治理利益冲突转化

保险公司治理目标的特殊性

保险公司治理理论的特殊性

保险公司治理主体的特殊性

保险公司治理结构的特殊性

保险公司治理机制的特殊性

保险公司治理评价的特殊性

---

① 《保险公司统计分析指标体系规范》包含的 5 个大类指标分别为：业务发展类、成本费用类、资金运用类、盈利能力类和风险管理类，其每一类包含的小指标数目分别为：31 个、12 个、8 个、9 个和 17 个。

二、董事会在保险公司治理中的重要性分析

（一）我国保险公司应以内部治理为主

合理的治理结构和完善的内外部治理机制是实现良好公司治理的前提。目前，我国保险公司各项外部治理机制均滞后或者缺失，如产品市场竞争不充分；经理人市场缺失，保险公司无论是董事会成员还是经理人员大多来自保险公司股东委派，而独立董事大多来自高校或者研究机构，且其独立性也普遍受到质疑；债权人治理缺失；而一定程度的国家担保性加重了债权人的"搭便车"行为；资本市场不完善；控制权转移不畅；法律机制不完善，尤其是对广大分散的债权人利益保护机制亟待完善，这也是消费者权益时常受到侵犯的根本原因。综合上面的分析，外部治理机制的完善是一个漫长的过程，不可能一蹴而就，所以目前我国保险公司不应过度依赖外部治理，而应以内部治理为主，以外部治理为辅。

（二）董事会是保险公司治理的核心所在

保险公司中同时存在三类代理问题，通过上述分析我们认为第三类代理问题是保险公司治理的核心所在。尤其是目前，我国保险公司股东与管理层利益高度一致，如此则意味着第三类代理问题更加严重。如何确保保险公司向着治理目标迈进，如何保证保险公司科学、稳健、长期可持续发展，如何更好地控制第三类代理问题，董事会责无旁贷。

保险公司董事会处于公司治理核心地位。董事会无论是作为股东还是经营者、雇员、消费者等利益相关者的受托人，主流的公司治理理论均认为董事会主要是一个利益调停机构，此外，董事会存在更根本的目的应该在于实现科学决策，促进公司价值增值。对保险行业，本书支持"董事会中心说"，但并不认为只有"股东才是董事忠实义务的适当受益人"（贝恩布里奇，2008），而认为除了股东之外，广大分散的债权人也应该是保险公司董事忠实义务的受益人，董事也不仅仅只负有"最大化股东财富"的责任，而对广大分散的债权人也负有财富增值和确保长期稳健的责任。保险公司董事会除了战略制定、监督和咨询等功能外，还承担着风险控制和合规经营职能。保险公司董事会不但要对股东具有信托责任，而且这一信托责任也应该延伸至广大分散的债权人和保险监管机构。开展保险公司

治理不但要拥有合理的董事会规模、科学的董事会结构，更要保证董事会的独立性和专业化。保险公司董事会只有结合保险业的特殊性构建结构合理的专业化董事会才能更好地实现公司治理。

第五节　本章小结

本章首先探讨了保险公司治理的理论基础，并对三类代理问题及其治理机制进行了分析。在此基础上，展开了对保险公司代理问题的研究，本书发现，在保险业尤其是在我国保险业的现实状况下，第一、第二类代理问题有所弱化且转变为了第三代理成本，所以保险公司治理中第三类代理问题严重，这也决定了保险公司的治理模式应该选择由核心利益相关者共同治理，而关于治理机制应该以内部治理为核心，以外部治理为辅助。董事会作为公司治理的核心，其信托责任扩展至债权人和监管部门，而专业化是保险公司董事会运作的前提条件。所以在第四章中我们将针对董事会的特征与公司绩效的关系展开研究。

第四章 董事会特征与公司绩效关系研究文献综述

当决策者并不承担其决策的全部财富效应时,决策者和所有者之间的利益冲突便会产生。亚当·斯密是最早关注因两权分离而产生代理问题的经济学家,但是真正对此问题展开深入研究时已经到了20世纪30年代。但直到20世纪70年代中期以后,公司治理研究才成为学术界的关注重点。

公司治理是一个系统,由公司治理结构、公司治理机制和公司治理环境三个层次构成。公司治理结构是由股东大会、董事会、监事会和经理层等构成的一种相互制衡的公司组织结构或一套制度安排,并通过这种联盟的制度安排实现经济利益(钱颖一,1995);公司治理机制是在公司治理结构的基本组织与制度框架下,实现公司治理所要借助的一系列程序和路径,公司治理机制可以分为内部治理机制和外部治理机制,内部治理机制包括股东大会、董事会、监事会、激励机制等,外部治理机制包括产品和要素市场、代理权争夺、接管、资本市场、经理人市场等机制;而公司治理环境包括政治环境、监管等法律环境和文化与道德等社会传统环境。在所有治理机制中,董事会是公司治理的核心,通过对董事会的特征与公司绩效关系的研究能够更好地为我国公司治理质量的提升提供有价值的依据。

第一节 董事会的产生、职能和特征

一、董事会的产生

虽然董事会制度源远流长,但是其重要作用直到为了解决因两权分离及由此而导致的代理成本问题时才日益凸显。正如仲继银(2009)[21]认为,董事会是在股东承担有限责任前提下而设立的一个"追究'无限'责任的通道"。

随着公司治理研究在全球范围内的兴起,学术界对董事会的研究与日俱增,但是关于董事会产生的原因学术界并没有达成共识。从经济层面来讲公司作为一个国家的微观基础，公司治理是决定一个国家竞争力的关键，在此背景之下，世界上大部分国家都出台了关于董事会设立的法律要求，就董事会规模、结构及行为等进行了相应的要求。所以有学者认为，董事会是为了应对国家法律的强制性要求而产生的外部治理机制。

但是从事物产生的先后逻辑上进行分析可以发现，公司采用董事会这一制度的时间要早于国家关于设立董事会的相关法律的颁布时间，国家关于设立董事会相关法律的出台目的在于使董事会这一治理机制能够更好地发挥其预期效用。因此，董事会是随着公司制度的出现而产生的，其产生的目的是为了克服所有权和控制权相分离而带来的代理成本，所以，董事会制度是一种内生治理机制（Willianmson，1988）。

二、董事会的职能

在 20 世纪 80 年代，董事会的角色从管理公司业务和事务应当由董事会管理转变成公司事务应当在董事会裁量下管理（邓峰，2011）。与此同时，董事会的职能亦从对公司的经营管理职能转变为战略定位、监督和咨询的职能（Johnson et al.，1996）。Fama 和 Jensen（1983）认为无论大公司还是小公司董事会都是为控制两权分离而产生的代理成本问题的最关键的控制机制，董事会可以缓和利益冲突和保护投资者利益，评价首席执行官和公司的业绩。

董事会的最主要职能定位于战略定位、监督和咨询等三项职能。董事会是公司治理的核心，公司治理的基本问题是如何确保投资者能够获得回报（Shleifer et al.，1997）。一直以来，理论界和实务界一直坚持股东主义理论，所以学术界一直秉持董事会存在的根本职能就是要保证股东财富价值最大化。因为，股东主义理论和委托代理理论认为，董事会一产生代表的就是股东的利益，理所当然，董事会是所有股东的受托人。20 世纪 90 年代之前关于董事会的研究主要集中在董事会的监督职能上。董事会的监督职能表现在两个方面：第一是监督公司经理层，防止经理层侵犯股东的利益，减轻或克服第一代理成本问题；第二是防止大股东利用手中的实际控制权侵犯中小股东的利益，平等地对待所有的股东，抑制或克服第二代理成本的问题。董事会同时还要兼顾其他利益相关者的利益，如

Dechow（1996）发现当董事会中设置审计委员会或者引入较多的外部董事，财务信息的真实性就会较高，Beasley（1996）也有类似发现。Williamson（1985）将视董事会为主要的内部控制手段，认为董事会首先应该是公司治理结构的保护者，维护企业和资本所有者、企业与经营者的关系。

董事会另一个重要职能就是为公司制定发展战略，Mizruchi 在 1983 年就强调了董事会的战略角色。在董事会类型与战略职能作用发挥上，Baysinger 和 Hoskisson（1990）认为内部董事较外部董事更加了解进行公司决策控制所需要的信息，所以内部董事将比外部董事具有更好的战略规划作用，这一观点和 Klein（1998）的观点一致。

关于董事会的咨询功能，这里主要指独立董事因为其背景和社会关系能够为公司的发展提供有益的帮助，Pfeffer（1972）认为董事会能够为企业管理者提供具有价值的信息、能够为企业的发展提供外部资源、从而减少企业发展的不确定性。刘浩等（2012）认为虽然国内外学者对独立董事的监督职能都寄予厚望，但是独立董事要发挥独立的监督作用就必须获得内部信息，而能够获得内部信息的独立董事往往又失去了其独立性，监督作用也就会弱化，所以，目前我国独立董事更普遍的是发挥其咨询职能。

总之，监督、考评、制定战略、撤换业绩较差的总经理、决定收购兼并、保证财务信息的真实性等众多重大事项都是董事会职能发挥的途径。董事会作为公司的最高控制系统，一个拥有良好董事会的公司能够创造出更多的价值和更好的绩效。

关于董事会职能，Hart（1995）认为原则上董事会在监督方面将发挥巨大作用，但因为董事会由内部执行董事和外部非执行董事组成，很难期望内部董事自己监督自己，而外部董事因为工作繁忙、个人收益与公司经营绩效之间关系不大以及为了显示对将自己选拔为外部董事的管理者的忠诚而很难对管理者进行监督，所以董事会的实际效果值得怀疑。

三、董事会的特征

董事会作为公司内部治理机制的核心，毫无疑问将会对公司价值具有重要影响。但是董事会并非千篇一律，而是各具特色，什么样的董事会特征才能更好地发挥其应有的作用，才能有利于董事会治理绩效的提升，这是学者们一直以来非常关注的问题。

董事会特征是指董事会在满足法律法规标准性要求的前提下，其内部特点的外部显现，是董事会这一治理机制发挥作用的基础与前提，能够显示出一个公司、行业、地区的董事会与另一个公司、行业、地区董事会的区别所在，体现了公司或者行业的特点。董事会特征包括多方面的内容，比如规模、结构、会议频率、领导权结构、行为及素质等方面。

第二节 董事会特征与公司绩效研究文献综述

一、国外董事会特征与公司绩效研究文献综述

国外关于董事会特征与公司绩效关系的研究方法有规范研究、实证研究及二者相结合的方法。在关于二者关系的分析中大多数选择的分析维度有董事会规模、构成、独立性、领导权结构和董事会素质等。

（一）董事会规模与绩效关系的研究

关于董事会规模与公司绩效的关系，国外主要存在以下几种观点：

第一种观点认为董事会规模与公司绩效呈负相关关系。董事会规模的扩大虽然能够为公司的发展带来一定的收益，但是董事会规模的扩大也会带来沟通不畅、搭便车等，致使代理成本增加，关于这方面的研究学者们主要依托的是代理理论。Lipton 和 Lorsch（1992）认为董事会规模越大对公司经营管理层的控制能力就越强，但是大规模的董事会势必将发生更多的协调成本，甚至董事会成员之间也会出现"搭便车"现象等，董事会因此而更具有象征性的作用，从而引起较高的代理成本；当董事规模扩大而增加的代理成本大于董事会规模扩大所带来的收益时，董事会规模再扩大就不但不会带来公司业绩的提升，反而会带来公司业绩的下降。所以他们认为董事会规模与公司绩效呈负相关关系。他们认为应当限制董事会规模，将董事会规模控制在 10 人以内，最好是 8~9 人，当董事会规模超过 10 人以后，董事会将失去效率。Jensen（1993）认为，如果董事会规模过大，董事

成员之间可能会出现"相互仇视和报复"等情况，董事会对管理者的评价和监督职能将会减弱。Jensen 认为如果董事会成员超过 7~8 人时，董事会将易受经理层所控制。关于二者关系实证分析方面，Yermack（1996）选取美国 452 家公司从 1984 到 1991 年的数据作为样本，选取托宾 Q 值为公司业绩衡量指标，结论显示二者呈负相关，即规模较小的董事会具有较高的效率且能增加公司的市场价值，且对公司经理层更具有监督的积极性，并具有更换不称职经理的能力。Gertner 和 Kaplan（1996）关于二者关系的研究结果与 Yermack 的结果相似。Eisenberger 等（1998）对芬兰的 900 家左右的公司在 1992 年到 1994 年的数据进行分析，结果表明董事会规模与公司资产回报率呈明显的负相关关系。Wu（2000）通过对 1991 年到 1995 年董事会规模的发展状况分析，发现在此期间董事会规模整体在减小，且认为小规模的董事会在监督经理方面比大规模的董事会发挥的作用要好。Higgs（2003）认为，规模较小的董事会能促使董事负起责任并减少搭便车行为。Andres 等（2005）通过对西欧和北美 10 个国家 450 家非金融企业的分析发现董事会规模与公司价值呈负相关关系。

第二种观点认为二者呈正相关关系。此观点的理论依据是资源依赖说，认为随着董事会规模的扩大，各种各样专业人员都能够进入董事会，能够为董事会提供充足的智力资源和丰富而又重要的社会资源。Ffeffer（1972）和 Provan（1980）认为董事会规模越大公司获取外部资源的能力也就越强，公司绩效也将因此而提高。Denis 和 Sarin（1999）发现，公司以后各年度收益率将在董事会规模增加之后得以增加。Cadbury（2002）认为增大董事会规模可以增强董事会的决策和监督职能，提升公司绩效。Kiel 和 Nicholson（2003）对澳大利亚数百家上市公司实证研究后发现，董事会规模与托宾 Q 值呈正相关关系。Coles（2008）认为在需要更多建议的复杂企业中，随着董事会规模的增加能为公司树立良好的外在形象，公司托宾 Q 值会上升，但是在简单企业中却是相反的；而当作者将所有的样本一起考察时，发现董事会规模和托宾 Q 值之间呈现 U 型关系。

关于董事会规模与公司绩效，目前国外学者倾向于认为负相关关系，认为当董事会规模超过某一临界点后将与公司绩效之间具有负相关性。众多美国公司在经过内部调整或者重组之后，逐渐地缩小董事会规模，以期能够提升公司绩效，这些事实体现出对董事会规模和公司绩效关系的认识。

（二）董事会构成与绩效关系的研究

目前学术界关于董事会构成的研究主要集中在内部董事和外部独立董事，尤其是如何保持董事会的独立性以及独立董事如何更好地代表所有股东的利益等方面。外部董事被认为比内部董事在监督管理层方面能发挥更大的作用（Weisbach，1988），作为专职调停者，他们能够更好地控制管理层与内部董事合谋（Fama，1980），而且外部董事监督总经理的积极性随着其独立性的增加而增加（Hermalin et al.，1998）。因为独立董事具有独立的利益，不受经理层控制，所以学术界往往认为独立董事能够在法律机制、声誉机制及经理人市场等外部控制机制的作用下更好地保护所有股东尤其是中小股东的利益，积极发挥其监督职能，抑制经理层的机会主义行为。在一系列危机，尤其是安然等公司治理失败之后，美国萨班斯—奥克斯法案对独立董事提出了明确要求，同时证券交易所也相应地修改了他们的上市标准，要求上市公司的独立董事要占董事会的大多数。

关于董事会中独立董事比例问题的研究。Hermalin 和 Weisbach（1988）、Agrawal 和 Knoeber（1996）、Shivdasani 和 Yermack（1999）、Denis 和 Sarin（1999）等的研究表明，公司独立董事比例是一个内生决定的变量，受到治理结构、业绩等变量的影响。代理理论认为提升独立董事比例能够降低代理成本，提升公司价值。

因为独立董事更加客观、公正的特点，大多学者认为增加其比例、提升董事会独立性有利于公司绩效的提升。Jensen 和 Meckling（1976）是最早证明外部董事与公司绩效呈正相关的学者之一；Baysinger 和 Bulter（1985）也认为董事会独立性的变化与净资产收益率的变化显著正相关。Tricker（1984）在其专著《公司治理》中认为董事会的结构是董事会真正有效发挥作用的基础，关系到公司的权利平衡问题，直接决定董事会的绩效，同时，增加非执行董事比例能够增加董事会的独立性和客观性。Mace（1971）认为外部董事能够为公司进行战略规划、建立个人关系等活动提供指导，非常注重外部董事对公司的指导作用。Fama 和 Jensen（1983）从经营决策和经营控制两个方面对比，认为外部董事在经营控制方面发挥着非常重要的作用。Fama（1980）、Fama 和 Jensen（1983）认为外部董事之所以能够发挥良好作用，原因在于他们具有树立自己作为决策控制专家声誉的个人动机，独立董事比内部董事更独立、更客观。Jensen（1993）认为外部董事在监督总经理和解聘业绩较差的总经理方面发挥着关键作用。同时，Rosenstein 和 Wyatt（1990）认为市场对内部人控制的董事会的决策表示怀疑。

Hermalin 和 Weisbach（1988）研究表明当公司的业绩不好的时候，或者公司想退出一个行业的时候，董事会往往会吸纳更多的外部董事来进行咨询和指导。Weisbach（1988）研究了董事会结构对总经理的撤换发现，当一个董事会中独立董事的比例超过 60% 时，董事会更容易撤换业绩较差的总经理。而撤换业绩较差的总经理之后，公司的绩效就会有所上升，关于绩效上升的原因，Warner 等（1988）考察了股票价格与公司高管更换之间的关系，发现二者之间呈负相关关系，认为主要是因为董事会的行为存在严重的滞后性，只有当业绩长时间严重低迷的时候，董事会才会撤换总经理。Denis 和 Denis（1995）也发现，总经理更换以后企业绩效会有轻微的提高。

Schellenger 等（1989）、Pearce 和 Zahra（1991）认为外部董事比例与公司绩效呈正相关关系。Rosenstein 和 Wyatt（1990）研究发现外部董事比例和公司市场价值显著正相关，外部董事在保护股东财富方面发挥了作用。Baysinger 和 Bulter（1985）、Rechner 和 Dalton（1991）认为更多的外部董事将能够使董事会更好地发挥监督作用。Gadbury（1992）报告将研究重点转移到了董事会的独立性问题上，认为上市公司至少应该有 3 名外部董事。Dahya 和 McConnell（2007）追踪研究了英国 1989 年到 1996 年英国上市公司根据 Gab bury 报告而增加了独立董事公司的业绩，研究了至少有 3 名独立董事的公司业绩表现，发现增加了外部董事的公司 ROA 得到了显著的提升，而公司的股票价格也会显著的增加。而 Klein（1998）研究认为独立董事只有进入到了合适的委员会，才能增加公司的价值。可以说，独立董事比例的增加能够更好地使董事会发挥其应有的作用是目前学术界的主流观点。

持相反观点的学者认为，外部董事并不比内部董事具有更高的效率。Ford（1988）认为，在董事会中引入独立董事将会比全部由执行董事组成的董事会差。Donaldson 和 Davis（1994）也认同上述观点。Fosberg（1989）研究发现，独立董事比例和公司托宾的 Q 值之间存在负相关，但是独立董事比例和其他公司业绩计量指标如资产回报率等之间并不相关。Kesner 和 Johnson（1990）甚至认为董事会结构并非公司业绩的重要决定因素。Bhagat 和 Black（2002）发现，没有证据能表明拥有绝对多数独立董事的上市公司比别的公司拥有更高的利润或者更快的成长，但是相反的证据却存在，所以应该在董事会中保持有一定数量的内部董事，因为他们不但拥有信息优势，而且对董事会的影响力也比较大。Mallette 和 Fowler（1992），Daily 和 Johnson（1997），Klein（1998）研究表明外部董事比例与公司绩效无明显的相关关系。Peng（2004）通过对中国 405 家上市公司和 1211 家非上市公司的数据分析，发现独立董事比例的增加确实会改善公司的销售增长率，但独立董事的增加对净资产收益率影响比较微弱。Bhagat 和 Black（2002）研究表明利润率低的公司在董事会中增加了独立董事的比例，但是并没有发现比例增加之后给公司带来的利润的提升，意味着拥有更多独立董事的公司并不比别的公司的绩效更高。这与他们在 1999 年研究所指出的董事会独立性越强，公司绩效越差的结论有所不同。Agrawal 和 Knoeber（1996）实证研究发现，独立董事比例与公司绩效具有负相关关系。Baysinger 和 Butler（1985）指出外部董事比例和公司业绩之间存在非线性关系，而且显著性不高。Hermalin 和 Weisbach（1991）也没有得出董事会结构与年度公司绩效之间存在相关关系。

从上面的文献可以看到，关于二者的关系，目前学术界并没有明确的一致的结论。Baysinger 和 Hoskisson（1990）认为通过减少内部董事的数量来提高董事会的独立性将必然会带来公司绩效的下降，因为内部董事具有外部董事所不具有的专业优势和信息优势，如果以减少内部董事的方式来增加外部董事，则这些优势会消失。

（三）董事会领导权结构与绩效关系的研究

董事会领导权结构即董事长和总经理是否二职合一的问题，一般分一元结构和二元结构，如果上述两个职位由一人担任则为一元结构，如果由两个人担任，则为二元结构。

在实践中，美国大型公司大部分采用一元领导结构，而英国多采用二元领导结构。

董事会是股东的受托机构，经理层是董事会的受托机构，经理层在董事会的授权范围内进行公司经营活动并对董事会进行负责，所以董事会将监督经理层的行为，评价经理层的工作绩效，并可以解聘经理层人员，董事会充当着"裁判员"的角色，经理层充当着"运动员"的角色。所以如果两职合一，则意味着总经理既是"裁判员"又是"运动员"，总经理将自己监督自己，意味着董事会的独立性将会弱化。

关于董事会的领导结构与公司绩效的关系，主要存在以下观点：

第一种观点认为两职合一不利于公司经营绩效的提升，因为两职合一使得董事长的监督职能弱化甚至得不到发挥，同时也给总经理带来了更大的控制权，而两职分离的公司能够较容易地克服上述问题，从而带来公司经营业绩的提升。Fama 和 Jensen（1983）认为两职合一将降低董事会监督经理层的有效性，而两职分离可以降低现代大型公司组织结构的代理成本，所以董事长和总经理职位应该由不同的人员来担任。Jensen（1993）指出董事长的职责包括主持董事会会议，并对总经理的聘任、解聘及薪酬制定过程进行监督，所以总经理和董事长不宜由同一人担任。在两职合一的情况下，缺失了公司治理结构下的公司经理层级，从而降低了董事会监督管理者的积极性和有效性，同时，两职合一造成总经理能够有机会来影响董事会的结构和任期，降低董事会治理效率。Pound（1992）认为两职兼任导致总经理能够制定董事会的流程以及控制信息流，其结果必然造成董事会不能发挥其应有的作用。Rechner 和 Dalton（1991）选择 141 家公司 6 年的数据来分析，结果表明二元领导结构的公司比一元领导结构的公司在众多业绩指标上表现良好。Pi 和 Timme（1993）研究了银行业中领导权结构与公司绩效的关系，作者以成本效率和总资产收益率为公司绩效的衡量指标，发现两职分离的公司绩效指标比两职合一的公司要好。Baysinger 和 Bulter（1985）也认为董事长和总经理职位由不同的人担任能够更好地发挥董事会的监督作用。

另一种观点认为一元领导结构有利于公司业绩的增加。两职合一的支持者认为两职合一的情况下，作为监督职能的总经理将能够更好地掌握公司的经营信息，能够更好地掌控经理层的决策与操作，能提升公司绩效。尤其是持现代管家理论的学者，认为经理层并不是机会主义者，他们是公司的受托人，是公司资产的好管家，所以两职合一将有利于公司的发展。Brickley 等（1994）指出两职分离至少会带来代理成本、信息成本、转制成本和其他成本四项成本。Brickley 等（1997）指出对于大公司而言，因为经理掌握着公司大量的特定专业信息而具有信息优势，如果两职分离则需要将这些信息转移给董事长，这一转移成本将非常高昂，故对于大公司而言两职分离带来的成本将会高于两职分离产生的收益。

除了上述观点，Moyer 等（1992）发现不同领导权结构与绩效之间的差异很小。

（四）董事激励、薪酬、股权激励与绩效关系的研究

董事薪酬是指董事获取的所提供服务的报酬，主要包括聘请费、股票收益和股票期权等。

董事尤其是独立董事能够在外部市场机制的作用下发挥其应尽的职能。Fama（1980）认为，独立董事因为看重个人声誉，所以声誉机制将会对其产生约束，使他们更好地发挥职能。现代管家理论也认为独立董事在声誉机制的影响下，将会克服偷懒和机会主义行为，对公司尽到善良管理的义务，更好地为公司的利益而服务。

一些学者比较看重物质激励对于独立董事职能发挥的重要作用。因为董事会成员也是经济人，他们也追求自身利益的最大化。Boyd（1994）指出董事薪酬与公司绩效显著相关。Pound（1995）认为，董事会成员必须有足够的激励，而且应将其收入与服务挂钩，否则，不能期待他们会承担制定和质疑公司政策的重任。Maug（1997）认为使独立董事拥有股权和期权的薪酬计划将能够提升独立董事最大化股东财富的激励。Hermalin 和 Weisbach（1998）研究发现，独立董事持有公司股票越多，其工作积极性也越高，二者呈现正相关关系。Cordiero 等（2000）使用了 1996 年美国 200 家大公司的数据开展研究，结果表明，当控制了公司规模和内部股权之后，外部董事报酬和董事努力程度、外部董事监管程度及公司业绩显著正相关。关于增加独立董事各种形式的物质激励的做法目前开始被越来越多的公司所接受。Eliezer 等（2005）以《财富》杂志 1000 家公司 1997年到 1999 年的数据为样本，研究结论表明对外部董事采用了股票选择权的公司比没有选择的公司具有更高的盈利能力。

一些学者并不同意上述看法。Hempel 和 Fay（1994）研究了 225 家大公司 5年的数据，发现董事会会议次数和公司规模是决定外部董事薪酬水平的主要因素，而其他指标与外部董事薪酬没有显著的关系。这个结论表明了公司为了吸引外部董事的注意力并留住他们，往往采用市场推动的薪酬计划，与公司绩效无关。

Cordeiro（2000）认为当公司处于成长期时，给董事们采用股权收益的目的是为了激励他们努力工作，但这不能说明他们比业绩衰退公司的董事工作的更加努力。Vafeas（2000）没有发现独立董事薪酬与公司业绩之间存在的显著的关系。

应该如何对董事尤其是独立董事设计相关的薪酬计划引起了众多学者的关注，合理的报酬机制不但能够使独立董事们尽职尽责的工作，发挥其应有的职能和作用，更要能够保证他们的独立性、公正性和客观性，能够更好地代表除大股东之外的广大中小股东、雇员及其他利益相关者的利益。

（五）董事会素质与绩效关系的研究

Eliezer（2005）通过对 1493 家公司的数据分析发现，担任公司总经理同时又担任独立董事者能够获得较好的市场认可，之所以如此是因为他们的经营管理能力提升了公司价值，在经理人市场上逐步积累起来了个人声誉。Agrawal 和 Knoeber（1996）认为借助具有政治背景或关系的外部董事，公司将能够得到一些相关利益。

（六）董事会行为与绩效关系的研究

董事会行为研究包括董事会持股、董事会会议频率、董事会独立意见发表、对总经理的监督和评价等与公司绩效关系的研究。

Kosnik（1987）认为，对董事会与公司内部治理行为的关系进行研究相比于直接分析董事会与公司业绩之间的关系更有价值。因为这些内部治理行为才与董事会的职能直接相关；对二者之间关系的研究能够更好地了解董事会究竟是通过何种途径对公司绩效产生作用的。Byrd 和 Hickman（1992）发现，外部董事比例高的公司在收购其他公司时能够获得股价收益，但是当独立董事超过 60% 以后，这一趋势又开始出现扭转。Borokhovich 等（1996）认为，外部董事比例和来自外部的总经理更替频率之间存在非常显著的关系，作者认为总经理来自外部的原因是独立董事比内部董事拥有更多的总经理候选人，这一研究在 Weisbach（1988）所认为的外部董事占主导地位（外部董事占比超过 60%）的董事会将很有可能解雇差的总经理的基础上前进了一步。Geddes 和 Vinod（1996）研究发现，外部董事比例高的企业较外部董事比例低的企业更换总经理的频率要高，但是作者在 1997 年研究又发现外部董事比例高的公司和总经理的任期呈正相关关系。Hermalin 和 Weisbach（1991）发现当董事会持股比例保持在一个适当水平的时候，公司托宾 Q 值最高。Morck、Shliefer 和 Vishny（1988）等通过对 1980 年财富 500 强中 371 家的托宾 Q 值分析发现，当董事会成员持股比例在 0~5% 之间时，公司托宾 Q 值随之上升；当在 5%~25% 之间时，托宾 Q 值开始下降；而当超过 25% 后，公司绩效又开始上升。而且，他们发现，对于一个生存时间长的公司，由创始人管理的公司价值小于由一个与公司无关的管理者管理时的公司价值。Cho（1998）利用《财富》杂志 500 家制造业公司的数据研究和 Morck（1988）得出基本一样的结果，其股权比例区间分别为 0~7%、7%~38% 和 38%~100%。

董事会是以会议体的形式存在的，会议是其发挥职能的平台。董事会职能发挥的程度在很大程度上取决于董事会这一个信息与决策平台（Kosinik，1987）。但 Vafeas（1999）的研究表明会议频率与公司绩效呈负相关关系，即董事会会议频率过犹不及。

二、国内董事会特征与公司绩效研究文献综述

（一）董事会规模与绩效关系的研究

国内学者关于二者关系的观点并不一致，甚至截然相左。

一部分学者认为二者呈负相关关系。孙永祥、章融（2000）认为理论上董事会规模增大虽然能够给公司带来正面积极的影响如专业知识、管理技能的增多，能够更好地代表多方利益相关者的利益，但是同时也造成董事成员间的沟通协调成本加大、评价及监督经理层的行为迟疑和相互之间"搭便车"等负面影响，将正反两个方面的效应综合起来，作者认为董事会规模增大带来的成本要大于其所能够增加的收益。同时，作者以 1998 年 519 家 A 股上市公司为样本发现，董事会规模与托宾 Q 值、总资产收益率和净资产收益率等绩效指标呈负相关关系。孙永祥（2001）研究了 1998 年沪深上市公司，实证结果表明董事会规模与托宾 Q 值呈不显著的反函数关系；同时与总资产收益率和净资产收益率呈显著的反函数关系。沈艺峰和张俊生（2002）研究了 1998 年到 2000 年的 ST 公司和 1999 年的 PT 公司，表明董事会规模过大致使 PT、ST 公司董事会治理失败。何卫东和

张嘉颖（2002）以 1997 年年底沪深股市 107 家上市公司为样本，以托宾 Q 值为被解释变量，结果表明二者呈负相关关系。高学哲、高顺成（2006）实证也发现二者的负相关关系，认为，在当时中国的情况下，较小规模的董事会有利于公司绩效的提升。李彬等（2013）以 2002 年到 2010 年的 A 股上市公司为样本，考察了董事会规模等与公司财务重述发生概率之间的关系，结果表明上市公司董事会规模与财务重述发生的概率显著正相关，而发生财务重述的上市公司的公司价值要显著地低于没有发生财务重述的上市公司的公司价值。部分学者开始从行业角度来分析二者之间的关系。兰玉杰、韩志勇（2007）以我国 2002 年到 2004 年的 95 家高科技上市公司为样本，谢晓霞和李进（2009）、李红坤和张笑玎（2010）、陈彬和邓霆（2013）以保险公司为样本，刘丽（2012）考察了我国的钢铁行业，结果都得出了二者之间呈负相关关系的结论。

与上述观点不同的是，一些学者认为发现二者呈正相关关系。丛春霞（2004）对 2002 年上市公司的实证发现二者之间存在正相关关系，但并不显著。李常青、赖建清（2004）对 1999 年到 2003 年的 396 家上市公司分析发现董事会规模的增加与 ROE 之间呈微弱上升趋势。谢永珍（2006）发现董事会规模对于增加公司托宾 Q 值具有积极的作用，但是却和别的公司绩效指标之间没有显著关系。向锐、冯建（2008）以沪深股市 2004 年到 2006 年的民营上市公司为样本，研究发现董事会规模与 ROA 之间存在不显著的正相关关系。丁忠明（2009）以沪市 2005 年前上市的公司在 2005 年到 2007 年的数据为研究样本，分析了董事会规模与 ROE 和 EPS 之间的关系，发现董事会规模与这两个绩效指标之间具有弱相关关系，同时并未发现董事会规模与公司绩效之间之间存在非线性关系。陈仲常等（2009）以 2002 年到 2007 年沪深 A 股 1056 家上市公司的数据为样本，发现二者也呈正相关关系。

第三种观点认为二者不存在显著相关关系。王艾青和王涛（2009）、张为（2010）以沪深股市中国百强上市公司为研究对象，发现二者之间不存在明显相关关系，并认为我国目前公司治理还没有达到通过改善董事会特征来实现公司经营绩效提升的阶段。郝云宏、周翼翔（2010）也得出同样结论。

此外，部分学者认为二者呈现 U 型或倒 U 型的非线性关系。于东智（2003）、于东智和池国华（2004）研究表明二者呈显著的倒 U 型关系，而拐点在 9 人附

近。张显球（2010）通过对世界上 261 家银行进行研究也得出了董事会规模与
ROA、ROE 呈倒 U 型的关系。而于晓红、赵岩（2012）以 2001 到 2010 年间的
32 家金融公司为样本，结果却呈现显著的 U 型关系。

总之，关于董事会规模与公司绩效的关系之间存在多种观点，学术界并没有
达成统一的结论。但是从文献研究数量、结论的显著性及研究时间分布，大致可
以看出，国内的学者关于董事会规模与公司绩效的关系还是存在倾向性观点的：
认为二者之间存在非线性关系的看法，即随着董事会规模的扩大，能够增加董事
会的专业知识和管理技能，从而能够提升董事会的治理效率，带来公司绩效的提
升，直到二者同时达到最优值，之后如果再进一步扩大，势必会造成诸多不利现
象的出现，从而增加代理成本，带来公司经营绩效的下降。

（二）董事会领导权结构与绩效关系的研究

关于董事会领导权结构，学术界一般认为存在两种状态，即一元领导结构和
二元领导结构，也有个别学者在研究的时候提出了第三种状态即两职部分分离的
状态，其界定方法为总经理由副董事长担任的情况。关于董事会领导权结构与公
司绩效的关系，不同的学派持有不同的观点：基于社会学的现代管家理论认为两
职合一有利于减少沟通协调成本，从而有利于绩效的提升；而基于经济学的代理
理论则认为两职分离有利于克服个人主义和机会主义，决策层和执行层之间能够
强化监督，从而减少代理成本，认为两职分离有利于公司绩效的增加。

关于二者的关系，主要存在三种观点：

第一种观点认为二者无关。吴淑琨等（1998）以上海证券交易所（以下简称
"上交所"）188 家公司为研究对象，表明在当时阶段两职分离还是两职合一与
公司经营绩效之间并没有显著的关系。于东智（2003）对 1997 年到 2000 沪深
股市 1088 家上市公司实证分析发现相似结果。

第二种观点认为两职合一有利于绩效的提高。孙铮等（2001）以 1996 年以
前上交所的 287 家公司为研究对象，结果表明，两职合一有利于绩效的提升。
孙永祥（2002）通过对 1998 年的 519 家上市公司分析发现，两职分离的比率为
75%，但是认为针对我国当时的特殊情况，两职分离可能比两职合一的成本还要
高。龚辉峰（2011）以 2011 年 2 月末沪深股市上市公司为样本，研究表明两职

合一有利于公司绩效的提升。仲继银（2009）认为国外主要是在董事长是独立董事或者外部董事的情况下，为了处理董事长和总经理之间的关系而实施二元领导结构的，但是中国的情况却并非如此，在中国实行二元领导权结构势必引起两个自然人之间的争权夺利或各管一块，其结果会造成公司运作的更差。于晓红和赵岩（2012）实证分析也认为，在目前中国的特殊背景下，两职合一有利于公司绩效的提升。杨典（2013）选择了1997年到2007年沪深股市676家上市公司为样本，以ROA、托宾Q值及股票表现为公司的绩效指标，研究结果表明总经理与董事长分离与公司绩效之间呈负相关关系，虽然二者之间的关系并不显著，但是也表明了二元领导结构可能并不适合目前的中国企业状况。

第三种观点认为两职分离有利于业绩提升。吴淑琨（2002）以ROA作为公司绩效指标，发现一元领导结构与公司绩效负相关，但缺乏显著性。吴淑琨等（2001）对1999年上市公司的研究，实证结果表明非执行董事比例与两职合一表现出较好的一致性。吴淑琨（2004）研究同样表明一元领导结构与公司绩效存在微弱的负相关关系。蒲自立等（2004）、兰玉杰和韩志勇（2007）、向锐和冯建（2008）研究表明在一定程度上两职分离有利于公司绩效的提升。陈仲常等（2009）、陈显球（2010）、党文娟（2010）研究发现董事长和总经理由一人担任将会对公司绩效有负面影响。陈彬和邓霆（2013）研究结果表明董事会的二元领导结构与绩效之间显著正相关。

此外，有学者认为两职合一是否有利于公司业绩的提升需要结合公司的规模和具体发展阶段而具体问题具体分析。丛春霞（2004）认为由于我国的上市公司基本上都是国有企业改制而来的，所以董事会的领导权结构并不具有实质性意义。

学术界关于董事会领导权结构与公司绩效的关系存在正相关、负相关和不相关等观点，从研究成果及研究时间上可以看到，前两种观点占主流，而一元领导结构有利于公司绩效提升的观点占有微弱优势。究其原因，可能是我国上市公司的特殊背景所致，一是因为大多上市公司为国有企业股份制改制而来，二是不同公司之间差异显著，这可能说明了对于不同背景、不同规模、不同发展阶段、不同历史管理模式的企业所需要采取的领导权结构也是不同的。但我们不能否认两职分离有利于公司治理制衡机制的建设，也是进行公司治理时应该考虑的重点之一。

（三）董事会的独立性与绩效关系的研究

2001 年 8 月 21 日中国证监会下发的《关于在上市公司建立独立董事制度的指导意见》标志着中国上市公司独立董事制度的开始。独立董事产生的根本原因在于通过独立董事的引入，使之与经理层和大股东形成制衡局面，抑制第一代理成本和第二代理成本，维护中小股东和其他利益相关者的利益。独立董事最重要的作用之一就是发表其客观、公正的观点和意见，保持其独立性。谭劲松（2003）认为"独立性是独立董事制度的核心和灵魂"。董事会的独立性也已经成为学术界研究的重点。

国内学者关于董事会的独立性的研究结果存在多种不同甚至相反的观点。目前学术界的主流观点认为，引入并增加独立董事所占的比例，会增强董事会的独立性，带来公司绩效的提升。吴淑琨等（2001）发现非执行董事比例和公司绩效之间存在正相关关系。钟田丽等（2005）对 2002 年 120 家上市公司的年报分析发现独立董事比例的增加能够提高公司绩效。吴淑琨（2004）、高学哲和高顺成（2006）、王跃堂等（2006）、兰玉杰和韩志勇（2007）实证研究发现独立董事比例和公司绩效呈显著正相关关系。叶康涛等（2007）在对独立董事比例和大股东资金占用行为进行最小二乘回归分析的时候，并没有发现二者之间存在负相关关系，但是当控制了独立董事的内生性问题时，发现独立董事变量与大股东资金占用行为之间存在显著的负相关，说明了独立董事比例的提升有利于抑制大股东的资金占用行为，即独立董事能够对大股东的行为产生积极的监督作用。向锐和冯建（2008）、陈显球（2010）研究发现董事会独立性与 ROA 正相关。陈仲常等（2009）认为独立董事规模与公司绩效正相关。龚辉峰（2011）、于晓红和赵岩（2012）研究表明董事会的独立性与公司绩效呈正相关关系。

与此同时，也有学者经过实证分析发现二者之间只存在较弱的关系。胡勤勤、沈艺峰（2002）以 2000 年沪深股市已经建立独立董事制度的 56 家公司为样本，研究显示独立董事比例和公司绩效不相关的结论。高明华和马守莉（2002）以 2001 年中报上所有的公司为样本，发现设立独立董事和不设立独立董事的公司绩效之间并没有差异。杨洁等（2004）以 2002 年沪深股市医药板块的 59 家上市公司为样本，分析了独立董事人数与每股收益和净资产收益率等经营绩效指标之间的关系,结果表明独立董事人数和经营绩效之间呈现非常微弱的正相关关系,但是作者也指出这样的结果并不能说明独立董事制度在我国是可有可无的。

有学者认为,我国上市公司中之所以引入独立董事在很大程度上是为了满足相关制度的强制性要求而已,企业改善公司治理的内在动力不足,所以从这制度一开始,很多人就认为独立董事无非是充当门面的"花瓶"而已,而独立董事制度很可能会流于形式(段从清,2004)。不少学者发现,董事会独立性和公司绩效之间不存在关系。何卫东和张嘉颖(2002)证实非执行董事比例并不与公司托宾 Q 值存在影响。于东智和王化成(2003)认为独立董事制度不会对当期和后期的公司绩效产生正向影响,即二者之间不存在统计意义上的正相关关系。余明桂等(2003)认为内部董事因为人力资本和财务资本更依赖于公司,所以他们具有更强的监督积极性,因此认为独立董事比例的增加并不必然带来公司绩效的提升。于东智(2003)即使在考虑了独立董事发挥作用的时滞因素之后仍没有发现二者之间存在相关关系。李有根等(2001)、丛春霞(2004)、王艾青和王涛(2009)、张为(2010)研究发现董事会构成与公司业绩之间不存在明显的相关关系。李燕媛、刘晴晴(2012)以 2011 年沪深股市 1029 家上市公司为样本,发现独立董事比例与上市公司的盈余管理相关性不大。杨典(2013)研究认为外部董事比例与公司绩效之间无显著相关关系。上述观点表明了在西方表现良好的独立董事在中国因为各种因素的制约并没有能够发挥出其应有的价值。

有学者发现,独立董事比例的增加反而会导致绩效下降。如李常青和赖建清(2004)、丁忠明(2009)的研究发现。刘丽(2012)发现钢铁行业中独立董事比例与收益能力显著负相关。陈彬、邓霆(2013)发现中资财产保险公司二者呈负相关关系。

此外,有学者认为二者关系比较复杂。陈宏辉和贾生华(2002)、何廷玲(2006)认为独立董事制度对于公司治理效率存在双重影响,董事会越独立,则意味着公正性效率越高,但越独立,其所面临的信息制约、时间制约、激励制约等因素的影响越严重,从而降低了其适应性效率。作者认为随着独立董事占比的提升,公司治理效率将会是一条倒 U 型的凸曲线。郝云宏、周翼翔(2010)实证发现,短期内二者呈现负相关,但是长期看,二者之间存在正相关关系。

董事会中独立董事的规模和比例在什么数量时能够取得最好的经营绩效,也是学者们所关心的问题。谭劲松等（2003）分析发现，独立董事人数在 5 人时公司业绩最好，在 9 人时公司业绩最差。从独立董事比例分析发现，独立董事占比 30%~40% 为最佳区间。与此同时，有学者认为，不同的时机和环境之下，独立董事作用的发挥也不同，如叶康涛等（2011）发现，公司处于危机之中时，独立董事的监督作用能够更好的得以发挥。

总之，董事会的结构怎样才是最好的？白重恩等（2005）实证研究结论认为最好的公司治理应该由外部人员占主导地位。

纵观学者们的研究成果，关于二者的关系，存在正相关、微弱相关、不相关、负相关和关系复杂等多种观点，从文献的数量和时间分析，目前学者们主要持有的是正相关和不相关的观点。但是，独立董事的重要作用已经得到了普遍认可，一些独立董事也能够有意识地、较为深入地参与到公司治理中去（宁向东，2006），所以，董事会独立性的增加会为公司绩效的提升产生正面影响，只是因为我国不同公司、行业的发展阶段、背景、历史管理模式等不同，独立董事在其中发挥的作用也存在一定的差异。

（四）董事激励与绩效关系的研究

关于独立董事激励的"悖论"一直是学者们关注的焦点问题，即如何能够使独立董事保持积极发挥其监督等职能而又不被"俘虏"并失去其独立性。如果独立董事仅仅获得较低额度的固定报酬，他们将丧失工作积极性，但是如果将他们的报酬和公司绩效挂钩，可能产生的一个问题就是他们将成为公司经理人的"俘虏"，从而失去其独立性，因此如何使独立董事保持积极发挥其监督等职能而又不失去其独立性的问题一直是学者们关注的焦点问题。有学者认为，独立董事是中小股东的代理人，但他们也是经济人，有利益回报的要求（何廷玲，2006），需要进行激励，因为"作为决策个体的董事，其自身有其效用的最大化"（马兆平，2002）。如果缺乏激励独立董事将会成为一种象征或者仅仅是为了满足法律的要求而设置，如此，成为"花瓶"就不可避免了。

因为我国独立董事产生的特殊背景决定了独立董事报酬机制一直没有能够得到良好的运用。我国独立董事普遍存在报酬固定、额度较低且与公司绩效不相关，也使得独立董事作用的发挥受到了学者们的质疑。所以，廖洪（2003）认为我国独立董事目前的激励现状是无效的，其根本原因在于激励不足。段从清（2004）指出，我国独立董事的薪酬完全有董事会大股东和公司经理人决定，如此将会对独立董事的独立性产生影响。

关于是否应该加大对独立董事的激励，以及应该通过何种形式来激发独立董事的工作积极性，娄芳（2002）认为以激励为基础的报酬制度能提高独立董事监督企业经营的效率。谭劲松（2003）认为，应当给予独立董事足够的激励，激发独立董事的工作动力，但是要注意独立董事报酬的设计不应该影响独立董事的独立性（即不能造成独立董事对此项收入产生依赖的现象出现），认为应该增加独立董事的报酬，并与公司绩效挂钩，因为这样可以向外传递公司经营良好的信息。高学哲、高顺成（2006）认为增加董事持股比例，并辅之以物质和荣誉等其他激励能够更好地调动董事对经理层的监督动力。党文娟（2010）以2004年深圳证券交易所1235家上市公司为样本，实证结果表明加强对独立董事的激励能够调动他们参加公司治理的积极性并能够促使他们更好的发挥其监督职能。

关于董事薪酬与公司绩效的关系，不同的学者根据不同的研究样本也得出了不同的结论。兰玉杰和韩志勇（2007）、向锐和冯建（2008）、刘丽（2012）等发现二者正相关。李燕媛、刘晴晴（2012）发现独立董事报酬与上市公司的盈余管理程度呈U型关系。杨雁（2013）以9家上市商业银行从2008年到2012年的面板数据为样本，实证发现二者之间呈正相关关系。在与上述观点不同的是，王艾青和王涛（2009）、张为（2010）认为董事会薪酬与公司业绩之间不存在明显的相关关系。

关于对董事进行激励的重要性，学术界已经达成了共识。但是如何更好的激励独立董事，使其能够发挥其应该发挥的作用而同时又能够保证其独立性而不被管理层所"俘虏"，这一点学术界并没有达成共识，也是下一步应该着力研究的内容。

（五）董事会素质与绩效关系的研究

董事会素质特征主要指董事会的性别构成、年龄构成、学历结构、专业背景、社会声誉等方面。关于董事会素质与公司绩效关系的研究目前已经引起了学者们浓厚的兴趣，不同的学者从不同的角度展开了分析。

　　赵立新等（2010）对沪深交易所 2009 年的独立董事基本情况进行了统计，发现 60 岁以上的独立董事占到了 22% 以上，在所有独立董事中具有博士学位的独立董事占到了 30% 以上，57.7% 的独立董事拥有正高以上职称，43.5% 的独立董事来源于高校和科研机构，21.7% 的独立董事在 3 家以上公司担任独立董事。关于董事会性别多元化方面，一般认为女性往往能够更加公正的不受影响地表达自己的意见、提出质疑，因此，董事会中女性董事比例的增加会为公司绩效带来积极的正面影响。张琨和杨丹（2013）、陈彬和邓霆（2013）实证分析表明，女性董事比例与公司绩效之间呈显著的正相关关系。张娜（2013）以 2009 年沪深股市 973 家上市公司为样本，研究了女性董事与公司绩效的关系，实证分析发现女性董事的参与、受教育程度、人力资本等特征与公司绩效均呈显著的正相关。郑立东等（2013）发现，女性独立董事比例越大，公司的总体投资效率越高，并且二者之间在 1% 水平上显著相关，同时作者考察了独立董事年龄与总体投资效率的关系，发现独立董事平均年龄越大，上市公司的总体投资效率越高，而且二者之间呈现显著的相关关系，即这一研究结果与很多学者认为我国独立董事平均年龄偏大从而不利于公司治理的看法不同，作者认为之所以出现这样结果的原因可能是随着独立董事年龄的增大，他们的经验也在不断地丰富。龚辉峰（2011）从董事会成员的学历和多元化等特征展开了研究，发现董事会中具有博士学位的人数与公司绩效呈显著正相关关系，但其研究结果还表明女性董事和公司绩效之间没有明显关系。而刘丽（2012）研究发现，在钢铁行业中男性独董比例与收益能力呈显著正相关关系。这样的研究结果，是否表明在不同的行业之中董事会素质特征和公司绩效的关系将有可能存在显著的差别，因此，分行业研究将会更好地推动高效董事会的建设。

　　针对目前独立董事大部分来自于高校、研究机构的专家学者，虽然具有专业知识和较高的社会声誉，但是很少有人具有实践经验，其独立董事职能的发挥是否因此而受到影响呢？唐清泉等（2005）从实证的角度研究了不同职业背景独立董事与公司绩效的关系，研究表明，没有哪一种职业背景的独立董事对公司绩效的影响更好，只有当公司的独立董事由来自学术界和企业界的共同组成，且二者构成比例合适时，独立董事对公司的绩效才能有更高的影响。这也表明，公司聘用来自于学术界的独立董事并非仅仅是为了利用其声誉或"花瓶"效应。何廷玲

（2006）也认为多种背景的独立董事比仅仅拥有单一背景的独立董事将会带来更好的公司绩效。

关于董事会素质与公司绩效关系的研究结果认为部分董事会素质与公司绩效不存在相关关系，同时也有部分董事会素质与公司绩效存在正相关关系。王跃堂等（2006）研究发现，独立董事的声誉机制（采用每名独立董事任职公司数来衡量）能够促进公司绩效的提升，而独立董事的专长、背景和政治关系与公司绩效之间不存在相关关系。魏刚等（2007）研究发现，独立董事教育背景对公司经营绩效不存在正面关系，但是发现拥有政府背景和银行背景的独立董事的比例越高，公司经营绩效越好。李燕媛、刘晴晴（2012）通过实证表明独立董事会计专业能力与上市公司盈余管理呈显著负相关关系。李红坤和张笑玎（2010）发现在保险行业中金融从业背景的独立董事比例与公司绩效呈正相关关系，虽然二者关系并不显著。叶康涛等（2011）研究发现，声誉越高、具有财务背景、任职时间早于董事长的独立董事越有可能公开质疑管理层的决策。刘浩等（2012）通过对我国2001年到2008年上市公司中具有银行背景的独立董事展开研究，发现具有银行背景的独立董事能够改善企业的信贷融资，尤其是在金融市场不发达地区和银行收紧银根的时候，此项作用更能体现出来。郑立东等（2013）发现拥有财务背景的独立董事比例与上市公司 ROA 之间呈现显著的正相关关系。

关于董事会素质与公司绩效的关系是国内近年来才兴起的一个研究内容，也是对董事会特征进行深入研究的体现，但是目前对这方面的研究文献并不太多，目前学术界较为公认的就是女性董事比例的提升有利于公司绩效的提升。关于这方面可以研究的内容很多，如学历、背景、年龄等特征与公司绩效的研究并不深入，但是我们已经看到了国内学者们已经开始着手进行这方面的研究了。

（六）董事会行为与绩效关系的研究

关于二者的关系主要观点可以归结为四种。第一种观点认为董事会行为与绩效不相关，如王艾青、王涛（2009）、丁忠明（2009）、陈显球（2010）等。第二种观点认为二者呈负相关关系，如谷祺、于东智（2001）研究发现董事会会议频率往往是对不良业绩的一种适应性反映，但是即使在会议频率增加之后，公司的业绩也并不能显著改善。张国源（2009）研究表明董事会会议在很大程度上董事会充当的是一个灭火器的功能。李彬等（2013）研究表明董事会会议频率与公司财务重述发生的概率显著正相关。第三种观点认为二者呈正相关。因为较多的董事会会议次数不但有利于重大事项的决策，而且有利于董事们之间信息的交流，如高学哲和高顺成（2006）、陈仲常等（2009）、于晓红和赵岩（2012）等。第四种观点认为，二者之间的关系在不同的情况下表现并不相同。牛建波、李胜楠（2007）分析发现，董事会会议频率与家族控股的民营企业的市场价值呈显著正相关关系，但是与通过市场兼并重组等手段获得控股权的民营企业的市场价值关系并不显著。

关于董事会持股与公司绩效的关系。第一种观点认为二者正相关，如高学哲、高顺成（2006），李彬等（2013）。第二种观点认为二者关系不明显，王艾青、王涛（2009）、张为（2010）等持有这样的观点。

我国对上市公司的信息披露中要求上市公司公开董事的意见和投票结果，与世界上其他国家相比，这是中国特有的数据。叶康涛等（2011）发现只有4%的独立董事公开质疑过管理层的决策，绝大多数情况下并不会公开质疑管理层的决策。但是同时发现，当业绩较差时，公开质疑的可能性较高。唐清泉等（2006）发现较多的独立董事能够针对重大事项发表自己的意见，而且能够借助多种途径向公司传递相关知识和信息，这些有助于公司战略的制定。

三、国内外董事会特征与公司绩效研究述评

无论是国内的研究还是国外的研究，学者们对董事会这一公司治理核心机制都是极其关注。仅董事会特征一个方面，学者们就从董事会规模等众多特征展开了多方位、多角度的分析。

从上述学者们关于董事会与公司绩效关系的研究结果来看，针对董事会的每一个特征，学者们总是存在各种各样的观点。这些观点有的存在主流趋势，而有的仍然是不分上下，我们不妨对其加以总结。

1. 董事会规模与绩效

学术界虽然存在多种观点，但是就目前的研究可以看出大家基本认可了董事会并非是越大越好，当然也不是越小越好，而是存在一个最优的董事会规模，但是这个最优规模对于不同的公司、行业应该是不同的。

2. 董事会领导权结构与绩效

学术界关于二者的关系存在正相关、负相关和不相关等观点，从研究成果及研究时间上可以看到主要是前两种观点占主流。而中西方又存在一定的差异，在西方两职分离占据主流观点，而在中国两职合一有利于公司绩效提升的观点占有微弱优势。之所以产生这样的结果，可能是我国上市公司的特殊背景所致，一是因为大多上市公司为国有企业改制而来，二是不同公司之间规模差异显著。但是未来的方向必定是二元领导结构占据主流地位。

3. 董事会独立性与绩效

学术界同样存在众多观点，但不可否认，董事会独立性的重要作用已经得到普遍认可，所以可以说关于董事会的独立性，目前学术界基本达成了共识：提高董事会的独立性一般情况下将会带来公司绩效的提升。

4. 董事会激励与绩效

学者们认为独立董事需要激励，而且是比较完善的激励计划。但是如何更好地激励独立董事，使其能够发挥其应该发挥的作用而又能够保证其独立性而不被"俘虏"，并没有达成共识。

5. 董事会素质与绩效

目前较为公认的就是女性董事比例提升的积极作用，但对于别的素质特征的研究并不深入，这应该是学术界下一步研究的重要内容之一。

6. 董事会行为与绩效

目前主要研究了董事会会议频率与绩效的关系，且结论也并不一致。关于董事会会议频率，国际上领先企业的治理经验表明，每个月一次董事会会议是保证董事会有效发挥作用的一个基本条件（仲继银，2009），而我们国家上市公司的董事会会议频率距离这个数字还有不小的距离。

在研究方法上，主要采用了实证分析法。研究结论之所以不一致，一方面因为研究样本选择的不一致性，如样本采集的时间、样本的数量多少等不同及是否分行业选择样本等，另一方面在于绩效指标的选择存在差异，有总资产收益率、净资产收益率、价值增加值及托宾 Q 值等。同时因为董事会作为内部机制，它的产生、构建和完善与一个国家、企业所处的发展阶段、法律环境、道德环境和社会文化环境等多方面密不可分，十年前的研究结果和今天的研究结果可能就会存在差异，甚至是截然相反。导致多种结论出现的另一个重要的原因在于董事会内生性问题的存在，董事会特征并不存在一个最优的模式，而是一个内生性变量。

　　就国内目前的研究情况来讲，关于二者关系研究仍存在较大的研究空间。一是实证研究的多，规范研究的少；二是对单一或几个特征研究的多，而对全面特征研究的少；三是部分行业研究的多，分行业研究的少，研究结论的针对性就不强，而只有对不同的行业进行深入的分析，才能更好地促进董事会公司治理机制的建设。

　　总之，关于董事会特征的大量研究，不但丰富了公司治理理论体系，而且为董事会发挥其核心治理功能提供了众多有价值的思想。

第三节　保险公司董事会特征与公司绩效研究文献综述

一、国外保险公司董事会特征与公司绩效研究文献综述

　　国外关于保险公司董事会治理与公司绩效关系研究文献自 20 世纪 90 年代以后在逐渐增加，所研究的董事会变量数量也在不断增多。

　　关于保险公司董事会规模和构成与绩效的研究。Mayers 等（1997）通过对1985 年美国 120 家互助制和 225 家股份制公司进行了实证研究，发现互助制和股份制公司在董事会规模和外部董事比例方面存在明显差异，分别为 12.2 人、72% 和 8.3 人、44%；2SLS 回归也证实了互助制公司董事会与外部董事的显著关系。Wang 等（2007）运用台湾保险公司的数据研究了董事会规模、领导权结构、外部董事比例与公司绩效的关系，发现董事会规模与经营效率有显著的负面影响。Lai 和 Lin（2008）研究表明，董事会规模增大对不同类型的风险存在不同的影响。Lai 和 Lee（2011）证实了互助制公司的承保风险、杠杆风险、投资风险和总体风险都比股份公司低，当董事会规模增加的时候，各种类型的风险都会增加。因为股东的有限责任，他们往往为了最大化公司价值而愿意承担过度的风险，因为他们仅承担固定责任（如利息支付）而却能获取 100% 的潜在收益（Galai et al.，1976）。而在互助制公司中，因为保单持有人承担破产的风险，所以会维持一个较低的风险水平（Ho et al.，2013）。而 Huang 等（2011）发现增加董事会规模

将带来公司成本效率的提升。

董事会领导权结构对保险公司经营绩效的影响。Diacon 和 O'Sullivan（2003）实证研究结论认为两职合一与互助制公司业绩负相关关系，而与股份制公司业绩则呈正相关。Wang 等（2007）发现一元领导结构对经营效率具有显著负相关关系。Adams 等（2005）研究表明两职合一的公司表现出高风险承担行为。作者认为一个总经理具有较大的权力影响决策的公司和一个影响力较小的总经理相比，前者无论是非常好还是非常坏的决策的可能性都比较高。Boubakri 等（2008）证实研究表明，一元领导结构和保险业的收购与合并具有积极的正相关关系，而这些被视为是具有较高风险的投资行为。Lai 和 Lee（2011）证实了互助公司的两职合一和低杠杆风险及高总体风险相关。

董事会的独立性对保险公司经营绩效的影响。Brick 和 Chidambaran（2008）实证发现董事会独立性越高则公司风险将会越低，二者之间呈负相关关系。Lai 和 Lee（2011）发现董事会独立性低的公司其所面临的风险将会比较高，但 Macrimmon 和 Wehrung（1990）却认为执行董事比例的增加将带来低风险。Linck、Netter 和 Yang（2008）指出，与典型的公众公司一样，董事会中的外部董事在有效监督管理层方面具有特别重要的作用。Wang 等（2007）发现外部董事对公司经营效率具有显著正面影响。He 和 Sommer（2010）认为保险公司两权分离程度越高所带来的代理成本也就越高，这就需要通过引入更高比例的外部独立董事来克服。同时验证了，两权分离程度不同，所需要的外部董事的占比也明显不同，因为互助制公司中每一个人只有一张投票权，而且所有权不具有流动性，致使很多外部治理机制不能发挥作用，且因互助制公司中两权分离最为彻底，所以外部董事比例也最高。而针对股份制公司，作者又根据两权分离程度的不同分为了四类，最后实证发现两权分离程度不同所需要的外部董事也不同，即董事会构成不同。但是，Huang 等（2011）却发现内部董事比例与公司成本效率显著正相关。

关于董事长和总经理对保险公司绩效的影响。Diacon 和 O'Sullivan（1995）利用英国 1993 年 129 家保险公司的调查数据进行研究，作者发现对董事会具有强大影响力的董事长会促进公司盈利的提升。He、Sommer 和 Xie（2011）发现总经理变化将会带来更好的业绩（总经理更换之后的 ROA 会比没有更换总经理的公司更高）。He 和 Sommer（2011）完善了上述观点，而且认为互助制公司的总经理变化和 ROA 之间的敏感度比股份制公司要低。

关于董事会行为与保险公司经营绩效的关系。Hardwick 等（2003）实证研究了英国 1994 年到 1999 年间 50 家保险公司的数据，发现设置了董事会审计委员会的公司其成本效率较高。Huang 等（2009）研究了美国 2000 年到 2004 年 24 家保险公司的数据，发现会议频率、审计师独立性、专业委员会独立性与效率显著正相关，而同时发现董事会中财会专业人员数量却与之并不显著相关。如 Eling 和 Marek（2011）用随机效应回归模型研究了英国和德国保险公司的治理，选取了董事会和股权结构等众多解释变量，发现英国的风险要比德国高。Huang 等（2011）对美国 2000 年到 2007 年美国 224 家财险公司进行了研究，发现董事会治理与公司效率之间显著相关。这些研究中的效率指标均采用 DEA 的方法所得。

关于保险公司绩效指标的选择，部分学者采用了 ROE 指标（Core et al.，1999；Lai，2003；Filatotehey et al.，2004），部分学者采用的是托宾 Q 值（Anderson et al.，2003），较多学者是通过各种类型的风险作为绩效衡量标准（Boubakri et al.，2008；Cole et al.，2011；Cheng et al.，2011；Lai 和 Lee，2011），部分学者通过 DEA 方法来分析保险公司的经营效率（Cummins，1999；Hardwick et al.，2003）。由于保险契约众多特点，若公司治理绩效仅仅依据于 ROA 或 ROE 等指标，则保险公司经营中的众多风险能够很容易通过财务粉饰而掩盖，所以这些指标的采用不能够充分地顾及消费者等其他利益相关者的利益。

二、国内保险公司董事会特征与公司绩效研究文献综述

国内学者对保险公司治理问题研究起步较晚，直到最近才逐渐展开了保险公司治理的研究工作。

（一）中国关于保险公司治理模式的研究成果

关于保险公司治理目标的选择，陈文辉（2008）认为对于寿险业应该有主辅之分，即以利润最大化为主要目标，而同时股东价值和公司价值最大化作为辅助目标。

关于保险公司的治理模式，学者们都指出了对债权人利益保护应该处于主要地位，基本上放弃了"股东主义"治理模式，而强调共同治理模式。郝臣等（2011）提出了以特殊性作为公司治理研究主线的研究思路。游桂云等（2007）、刘美玉（2008）和袁成（2011）等认为我国保险公司应该选择利益相关者共同治理的治理模式。关于治理实践，王洪栋（2003）、阎建军（2006）认为我国采取的是股东主义即"股东单边治理"模式。吴洪（2008）认为，全球的保险公司都是以股东主义治理模式为主导。

关于最终应该重点重视哪些利益相关者的问题，有些学者认为在众多利益相关者中应重点关注的是投保人即债权人的利益（刘俊，2005；王小平，2006；张扬 等，2012）。陈文辉（2008）指出，充分协调保险公司所有者与保单持有人的关系，并充分维护以这二者为中心的利益相关者的权益是我国寿险公司未来的重点。李维安等（2012）认为保险的特殊性，保险公司治理要关注股东及债权人等利益相关者的利益。张扬等（2012）认为因为保险公司的高负债性特点，维护债权人权益就成为保险公司重要的治理目标。吴洪（2008）提出了一种由股东、投保人、债权人、人力资本所有者等共同参与治理并共享企业所有权的治理模式即"契约性多边治理模式"。刘素春（2010）、王媛媛（2013）也认为保单持有人、进行了专用型投资雇员及监管部门都应该参与公司治理。

此外，王洪栋（2003）、蔡莉莉和黄斌（2006）指出由于作为保险公司债权主体的投保人需要一个"代表"参与公司治理，这个代表就应该是政府监管部门。郭晓辉（2006）认为保险公司应该关注利益相关者。因此，必然要求保险公司选择"共同治理"模式。由于广大投保人在保险公司治理中处于不利地位，而监管的目的是为了保护投保人的利益，所以即使从监管的目的分析，保险公司治理模式也应该突出"共同治理"。

还有学者提出了"相机抉择"的保险公司治理模式，如李琼和苏恒轩（2003）、谢金玉（2007）、余兰（2009）等。

（二）保险公司治理特殊性研究

江生忠、邵全权（2005）对我国保险业从经营者、经营性质、交易过程、生产能力和偿付能力、财务管理、经营风险、市场竞争等多个方面的特殊性展开了论述，让我们对保险公司与一般公司的差别所在有了较为全面的认识。

关于保险公司经营特殊性的研究。游桂云和孙旭峰（2007）、余兰（2009）简单分析了保险公司产品、经营目标、资本结构、成本核算等特殊性。在此基础之上，沈蕾（2009）又提到了保险公司存在严格的监管和多重利益冲突等问题。刘素春（2010）重点分析了保险公司的利益相关者。

关于保险公司经营目标的特殊性研究。蔡莉莉、黄斌（2006）认为保险公司经营目标具有多重性，不仅追求利润最大化，同时还追求风险最小化。刘美玉（2008）指出保险公司在治理的时候应该加强风险防范、注重投保人的利益、并理顺政府监管和市场之间的关系。王艳（2013）认为保险公司治理的重要目标就是风险防范。

关于保险公司资本结构与政府监管。王洪栋（2003）指出投保人需要监管部门作为他们的代表参与公司治理（蔡莉莉 等，2006；郭晓辉，2006）。

（三）保险公司董事会治理与公司绩效研究

董事会作为公司治理的核心机制一直以来颇受学术界关注。钱维章、何唐兵（2003）研究了保险公司治理结构及存在的问题。刘俊（2005）认为应该强调董事会的风险防范和内控责任，逐步建立董事的责任追究制度，加强董事会建设。李红坤和张笑玎（2010）则认为虽然公司治理结构完整、制度齐全，但是运行中却形似而神非，从而造成治理失灵。何华（2013）指出我国保险公司治理中存在的主要问题是不重视被保险人的利益，同时董事会不健全，内部制衡机制缺失，董事长权力过大。

从2007年开始，部分学者已经逐步开展了董事会治理与公司绩效之间的实证研究，也有一些学者重点从股权结构着手分析，如王晓英和彭雪梅（2011）。主要研究结论如下。

1.董事会规模与保险公司绩效的关系

谢晓霞和李进（2009）以上市保险公司两年的季报和年报数据为样本，选取ROA作为保险公司绩效指标，选择董事会部分特征作为解释变量，回归结果显示二者呈负相关。陈彬、邓霆（2013）选取了24家中资财产保险公司作为研究样本，以ROA作为被解释变量，实证结果发现董事会规模与ROA呈负相关关系。

2. 董事会独立性与保险公司绩效的关系

谢晓霞和李进（2009）回归显示独立董事与 ROA 之间无明显的相关关系。但陈彬、邓霆（2013）对24家财险公司实证分析却发现二者呈负相关关系。夏喆、靳龙（2013）以 2011 年的 66 家中资保险公司为样本，以 ROE 和偿付能力充足率为绩效指标，结果表明独立董事比例与风险控制之间呈显著正相关，表明通过提升董事会独立性能够增强保险公司经营的稳健性，良好的风险控制也体现出了其对其他利益相关者利益的维护；同时，作者发现存续时间与偿付能力充足率呈负相关关系；而公司规模与经营绩效呈正相关，说明了我国保险业还是处于粗放经营阶段，保险公司的内生盈利能力比较差。此外，董事会规模、专业委员会数量等其他董事会特征与 ROE 和偿付能力充足率等绩效指标间不存在显著的相关关系。

3. 董事会领导权结构与保险公司绩效的关系

谢晓霞等（2011）以上市保险公司从 2007 年到 2010 年的中报和年报为样本，回归结果认为一元领导结构有利于改善保险公司的资本结构。陈彬、邓霆（2013）发现对于财险公司来讲，二元领导结构与公司绩效呈正相关关系。

4. 董事会素质与保险公司绩效的关系

谢晓霞和李进（2009）检验了上市公司中独立董事的专业背景，但是回归结果并没有显示出具有金融背景的独立董事与 ROA 之间存在相关关系。陈彬、邓霆（2013）研究了 24 家财险公司中女性董事比例与公司绩效的关系，回归结果显示，随着董事会中女性董事比例的提升，保险公司绩效将会得到明显改善。

除此之外，李维安、李慧聪和郝臣（2012）以 46 家股份制保险公司为样本，从保护利益相关者视角着手，以偿付能力作为保险公司的基础性指标，结论表明保险公司治理的合规性越高越能保护利益相关者的利益。陆渊（2009）选取 2003 年到 2007 年的 12 家财险公司和 12 家寿险公司，采用 DEA 分析法，结果显示外资效率高于中资，而且中资之间效率差距较大。田新民、李晓宇（2013）选取投资收益为被解释变量，将员工人数、营业费用和金融资本等变量作为投入变量，研究了中国保险业的经营效率，结果表明，外资保险公司的经营特点决定了外资效率高于中资公司。孙蓉、王超（2013）选取 2010 年的保险公司为样本，运用主成分分析法分析了保险公司综合经营绩效，发现外资公司的综合经营绩效高于中资公司，而同时寿险公司高于财险公司。

　　总之，不同学者选择的样本不同，研究视角也不同，所以相互之间并没有得出较为一致的结论，但这些研究开启了我国保险公司治理实证研究的先河。

三、国内外保险公司董事会特征与公司绩效研究述评

　　西方学者早期对保险公司治理的研究对我国借鉴意义有限。近年，西方学者也逐步展开了对保险公司具体治理机制的研究并取得了一些成果。考虑到保险公司治理的首要目标是稳定，所以西方学者在开展研究的时候多从风险管理的角度选取指标，而对 ROA、ROE 等短期财务指标选择的并不多，且各特征与绩效关系的研究结论也并不一致。如有学者发现增加董事会规模，保险公司的总体风险会降低，但是股本风险和系统性风险会增加，有学者发现各种类型的风险都增加，还有一些学者发现公司经营效率会降低，等等；关于领导权结构，学者们普遍发现，一元结构意味着高风险承担行为可能性增大，从而影响经营绩效；学者们基本都证实了董事会独立性的重要性，因其能够降低风险、提升业绩和经营效率，尤其是随着两权分离程度的增加，独立性更加重要，因为独立性增强能够抑制机会主义行为。总体来讲，西方学者关于保险公司治理的研究文献并不多。

　　关于我国保险公司治理研究，郝臣、李慧聪和罗胜（2011）认为我国关于保险公司治理的研究目前还仅仅处在对保险公司治理的概念、治理模式的选择和国际比较方面进行探讨的初步阶段。夏喆、靳龙（2013）指出我国学者对保险公司治理主要侧重于理论研究，而缺少结合中国保险公司实际状况的实证研究。国内学者之所以侧重于理论而非实证研究主要有两个方面的原因，一方面我国保险业历史短暂，公司治理不完善，另一方面是因为上市保险公司数量少，研究数据获取困难，如果仅以少数几家上市公司为样本展开研究，势必会对其结论的可靠性产生影响。同时，即使有少数几篇文献开展了实证研究，学者们也往往借助于一般公司治理理论研究的范式展开分析，忽视了保险公司治理特殊性，研究结论对保险公司的指导意义有待商榷。国内学者大多偏重于规范的理论研究，仅有的少数实证研究结论并不一致。目前，国内还未建立起学术界公认的保险公司治理研究的一般框架。

无论是以上市、非上市或者是二者混合的保险公司作为研究对象，学者们在研究时都共同存在一个问题，那就是应该选择哪些指标作为保险公司治理绩效的指标？从上述文献看，部分学者选择的是 ROA 或 ROE 等指标，而这些指标更能体现的是股东利益最大化；个别学者选择了偿付能力充足率来考察保险公司经营稳定性问题，虽然体现的是对利益相关者利益的考虑，而没有能够考虑到利益相关者的利益最大化问题。而经过上面的分析，虽然学者们都极为重视债权人等利益相关者的利益，但哪些指标才能更好地体现出来保险公司治理的特殊性，如何选择并衡量保险公司绩效？这应该是学者们未来需要多加探讨的内容。

第四节　本章小结

根据文献研究，董事会的每一个特征与公司绩效之间均存在众多各异的观点。本章同时专门综述了保险公司董事会特征与公司绩效关系的相关文献综述，发现不同的学者因为样本选择的时间、地域、数量等的不同而得出不同的观点。因为保险行业存在众多特殊性，所以国内外学者就保险公司治理问题研究较少，但是国内外学者所开展的相关研究能够为本书提供一定的借鉴之处。

第五章 中国保险公司治理现状
与治理绩效评价

保险公司治理特殊性需要我们高度关注保险公司治理的实践，不断发现和解决问题，逐步完善保险公司治理。本章第一节将对我国保险业发展进行概述及保险公司治理演进阶段进行梳理；在第二节中对我国保险公司董事会治理现状及存在的问题进行了分析；第三节将介绍保险公司绩效评价的原则与方法，并据此建立保险公司绩效评价体系，接下来对本书所选择的用以评价保险公司绩效的数据、样本及指标选择等内容加以介绍，最后根据上述设计展开因子分析。

第一节 中国保险业发展及保险公司治理阶段演进

中国保险业虽然发展历时短暂，但却历经沧桑、饱受波折，从 1980 年恢复国内保险业以来才逐步步入正轨，至今中国保险业仅经历了 30 余年的发展。这 30 年中，中国保险公司治理在不断完善，并逐步向经济化市场型治理转变。但截至目前，中国保险公司治理在董事会和股权结构等方面还具有别国保险业所不具有的特殊性，这些特殊性通过对我国保险业的发展历程进行梳理可以清晰地了解。

一、中国保险业发展概述

"月有阴晴圆缺，人有旦夕祸福"，睿智满腹的中华儿女数千年前就已经有了应对各种自然灾害的思想和做法。中国保险思想源远流长，最为典型且数千年连绵不断的是周朝就已建立的各级后备仓储制度，今天仍以国家储备粮库的形式存在，称之为中国保险制度的鼻祖当之无愧。但中国第一家真正的保险公司却直到 1805 年才由英国商人建立，有 200 多年的历史，但遗憾的是中华人民共和国成立之前，中国保险业一直被为外国所垄断，民族保险业发展缓慢。中华人民共和国成立之后，中国的保险业曾有过短暂的快速发展，但昙花一现，从 1958 年开始经历了长达 20 年的中断，直到 1980 年财产保险业务才得以恢复，1982 年人身保险业务得以恢复，从此步入了快速发展通道。复业至今已经取得了辉煌的成绩。保险市场竞争主体从复业时仅人保一家，到 2013 年年底已达到 134 家。保费业务规模从 1980 年的 4.6 亿元增大到 2013 年的 17222.4 亿元，年均增长率 28.94%，远超同期 GDP 的平均增长速度。保险深度从 1980 年的 0.1% 到 2013 年的 3.03%，保险密度从 1980 年的 0.47 元到 2013 年的 1265.67 元。目前保险业应对自然灾害和各种意外事故的能力也在逐步加强，2013 年保险业共计赔付和给付金额为 6219.9 亿元，发挥了良好的"社会稳定器"职能。2013 年年末保险业总资产达到了 82886.95 亿元，投资运作资金总额为 76873.41 亿元，其"经济助推器"职能日益明显。中国保险业从恢复至今发展历程如表 5-1 所示。

表 5-1　1980—2013 年中国保险业发展指标统计

年份	GDP 增速（%）	总保费（亿元）	保费收入增速（%）	保险深度（%）	保险密度（元）
1980	7.80	4.60	–	0.10	0.47
1981	5.20	7.80	69.57	0.16	0.78
1982	9.10	10.30	32.05	0.20	1.01
1983	10.90	13.20	28.16	0.22	1.28
1984	15.20	20.00	51.52	0.29	1.92
1985	13.50	33.10	65.50	0.39	3.13
1986	8.80	45.80	38.37	0.65	4.26
1987	11.60	71.10	55.24	0.67	6.51
1988	11.30	109.50	54.01	0.72	9.86
1989	4.10	142.40	30.05	0.77	12.64
1990	3.80	177.90	24.93	0.85	15.56
1991	9.20	235.60	32.43	0.90	20.35
1992	14.20	367.90	56.15	1.00	31.39
1993	13.50	499.60	35.80	0.98	42.16

年份	GDP增速（%）	总保费（亿元）	保费收入增速（%）	保险深度（%）	保险密度（元）
1994	12.60	600.00	20.10	0.97	49.00
1995	10.50	683.00	13.83	1.17	56.39
1996	9.60	777.10	13.78	1.15	63.49
1997	8.80	1087.90	39.99	1.46	88.02
1998	7.80	1261.60	15.97	1.61	101.12
1999	7.10	1444.50	14.50	1.76	114.84
2000	8.00	1599.70	10.74	1.79	126.21
2001	7.30	2112.30	32.04	2.20	168.98
2002	8.00	3053.10	44.54	2.98	237.64
2003	9.10	3880.40	27.10	3.33	287.40
2004	10.10	4323.00	11.41	3.39	332.20
2005	9.90	4928.40	14.00	2.70	375.60
2006	11.10	5640.20	14.44	2.80	431.30
2007	11.90	7033.40	24.70	2.93	532.40
2008	9.00	9789.10	39.18	3.25	736.70
2009	8.70	11137.30	13.77	3.32	834.42
2010	10.30	14528.00	30.44	3.65	1083.37
2011	9.20	14341.00	10.50	3.04	1064.38
2012	7.80	15485.50	7.98	2.98	1143.65
2013	7.70	17222.24	11.22	3.03	1265.67

数据来源：根据《中国保险年鉴》整理。

　　纵观中国保险业这30多年，可谓发展迅猛，但是如果将中国保险业置身于世界保险业之中，我们发现，即使是和世界平均水平相比，中国保险业还有巨大的发展空间，比之世界经济发达国家相差更远。表5-2显示了中国与世界平均保险深度的对比及发展趋势。中国保险业与中国银行业相比较，总资产规模也远远落后（表5-3）。但通过对比，可喜地看到我国保险业发展迅猛。

表5-2 1980—2012年中国和世界保险深度比较

年份	中国（%）	世界平均（%）	年份	中国（%）	世界平均（%）
1980	0.10	4.22	1997	1.46	7.05
1981	0.16	4.29	1998	1.61	7.17
1982	0.20	4.51	1999	1.76	7.43
1983	0.22	4.61	2000	1.79	7.61
1984	0.29	4.83	2001	2.20	7.55
1985	0.39	5.32	2002	2.98	7.86
1986	0.65	6.16	2003	3.33	7.82
1987	0.67	6.41	2004	3.39	7.69
1988	0.72	6.67	2005	2.70	7.47
1989	0.77	6.25	2006	2.80	7.34
1990	0.85	6.07	2007	2.93	7.22
1991	0.9	6.23	2008	3.25	6.76
1992	1.00	6.53	2009	3.32	7.01
1993	0.98	7.14	2010	3.65	6.90
1994	0.97	7.20	2011	3.04	6.60
1995	1.17	7.18	2012	2.99	6.50
1996	1.15	6.96			

数据来源：世界保险深度数据引自孙祁祥主编的《中国保险业发展报告2012》第9~10页；中国保险深度数据根据《中国保险年鉴》整理。

表5-3 2003—2013年中国保险业与中国银行业总资产比值

年份	银行资产（万亿）	保险资产（万亿）	保险资产占银行资产比重（%）
2003	27.7	0.9	3.25
2004	31.6	1.0	3.16
2005	37.5	1.5	4.00
2006	44.0	1.97	4.48
2007	52.6	2.9	5.51
2008	62.4	3.3	5.29
2009	78.8	4.1	5.20
2010	95.3	5.0	5.25

年份	银行资产（万亿）	保险资产（万亿）	保险资产占银行资产比重（%）
2011	113.3	6.0	5.30
2012	130.3	7.4	5.68
2013	151.4	8.3	5.48

数据来源：根据历年中国银监会公布数据和《中国保险年鉴》整理。

保险业投资收益低且年度间波动明显。图 5-1 表明，2001 年以来保险业资金运用收益率普遍偏低，年度之间上下波动剧烈。中国保险业资金运用收益率在多数年份低于 5 年期银行存款利率，未能体现出保险资金长期性（占可运用资金大部分的寿险资金平均期限在 20 年左右）的独特优势，说明中国保险业在资金运用方面的投资管理能力有待提升。表 5-4 显示在 2009 年及之前各家保险公司投资收益率存在较大的差异，即使同一家公司的投资收益在不同年份之间也波动剧烈，2009 年之后投资收益率整体下降，公司间投资收益率差距也在逐步缩小。出现这种状况的原因在于，各家保险公司在资金运用渠道放宽的政策下，积极开辟自己的投资新领域，尤其是注重了股票投资给各保险公司带来的良好收益，但投资收益率高度依赖股市波动，尤其是金融危机的到来给各保险公司以沉重的打击，比如平安保险公司就损失惨重[1]。金融危机之后，各家保险公司改变了投资策略，开始注重稳健性投资，致使收益下降。这也说明了我国保险业资金运用能力不足，风险管理能力亟待提升。

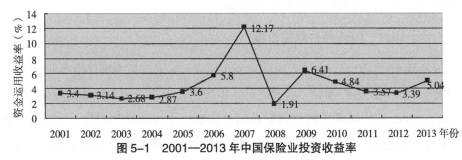

图 5-1　2001—2013 年中国保险业投资收益率

数据来源：根据中国保监会《2013 中国保险市场年报》第 45 页整理。

---

[1]　中国平安保险公司从 2007 年开始向比利时富通集团先后投资 238 亿元，持有富通集团 5% 的股权，但是金融危机爆发后富通集团被比利时政府国有化，后被低价出售，平安因此损失 228 亿元。

表5-4　中国保险业和上市保险公司投资收益率表

序号	年份	行业（%）	中国人寿保险股份有限（%）	中国太平洋保险（集团）股份有限公司（%）	中国平安保险（集团）股份有限公司（%）	新华人寿保险股份有限公司（%）
1	2005	3.60	3.8	5.0	4.3	—
2	2006	5.80	8.0	5.9	7.8	—
3	2007	12.17	10.4	11.7	14.2	—
4	2008	1.91	3.5	2.9	−2.4	1.1
5	2009	6.41	5.8	6.3	6.7	4.6
6	2010	4.84	5.1	5.3	5.0	4.3
7	2011	3.57	3.5	3.7	4.1	3.8
8	2012	3.39	2.8	3.2	2.8	3.2
9	2013	5.04	4.9	5.0	5.1	4.8

数据来源：根据各保险公司年报整理。

二、中国保险公司治理阶段演进

中华人民共和国保险业自1949年创设到1979年改革开放这30年间历经风雨、饱经沧桑，"文革"时国内业务中断。1980年保险业务恢复以来，一路高歌猛进。与此同时，中国保险公司治理取得逐步完善：股权结构不断优化、投资主体逐步多元、治理结构日渐完善、治理机制不断充实。根据我国保险公司治理发展历程，本书将其划分为以下四个阶段：

（一）1949—1985年行政型治理

1949年10月20日，中国人民保险公司成立，标志着新中国保险事业的开始，其归属于中国人民银行领导。自此之后，中国保险业在全国人民的高度热情之下开始了。1952年公司领导权划归财政部。在第一个五年计划时期，政府对保险业开始了整顿和社会主义改造，外资保险公司撤离，最终国内只剩下中国人民保险公司。1958年，领导权再次划归人民银行，同年10月，国内业务停办。自此，国内保险业务沉寂了20年。保险业的停办停止了国内保险基金的积累，给国家财政带来了沉重的负担。十一届三中全会后，为了促进经济的快速发展，减轻国家财政负担，更好地促进社会主义建设，1979 年人民银行下发了《关于恢复国内保险业务和加强保险机构的通知》，第二年人保恢复了财产险业务，1982 年人身险和农业险得以恢复，自此，保险业逐步步入正轨，茁壮成长。

除了中华人民共和国刚刚建立的前几年存在多家保险公司并存的局面，之后仅存中国人民保险公司一家。1980 年，人保公司仍然归人民银行领导，为局级专业公司。1982 年国务院批准了《中国人民保险公司章程》和董事会、监事会的成立。1983 年 7 月中国人民保险公司董事会和监事会成立，共有来自人民银行、人民保险公司、中国银行、中国农业银行、财政部、经委、计委及对外贸易部等单位的 23 位董事和 7 为监事（宝彦，1983）。1984 年人保公司从人民银行脱离，成为国务院直属局级机构。这一阶段，我国保险业发展较为迅速，财产保险保费收入突飞猛进。

从公司治理角度分析，行政化安排和政治干预是这一阶段的主要特征。保险公司从行政建制逐步转化为一家专业公司，并设立了董事会和监事会，产生了公司治理的基本意识并形式上设置了公司治理的个别要素。但是，作为唯一一家国有独资保险企业，企业边界与政府职能重合、政企不分，为典型的"行政型"治理，即资源配置、企业目标、人事任免都由行政安排（李维安，2009），同时，风险承担主体也是行政化的（邱艾超 等，2010），即国家担保性。保险公司的生产销售、经营管理等一切活动都按照政府行政命令、计划调控进行。如中国人民保险公司董事会成员、监事会成员均由国家主管部门任命。而董事会的主要职能如战略安排、经营管理者任免等也均是根据国家计划制定，并需要经过政府部门的批准。此时的中国人民保险公司从总公司到各分支机构的管理者都由行政任命，具有行政级别。中国人民保险公司从成立之初就一直存在政企不分的问题，随着经营时间的延长，其经营管理弊端逐步显现。从产权的角度分析，中国人民保险公司是国有独资企业并垄断经营，市场主体只有一个，所以公司治理的基础并不存在。

为了更好地发展保险业，1985 年国务院《保险企业管理暂行条例》规定，只要具备条件，经人民银行批准，申请执照后，可设立机构经营保险业务，且在此条例中明确规定保险公司应致力于维护被保险人的利益。

（二）1986—1998 年市场化初级探索阶段

《保险企业管理暂行条例》的出台，激活了保险市场，打破了行业垄断。为了深化保险业经济体制改革，促进保险业快速发展，1986 年新疆生产建设兵团农牧业生产保险公司成立，这也是一家国有独资保险公司且经营区域被限定。对打破保险业垄断局面具有标志性意义的是深圳平安保险公司的成立，这是我国首家区域性股份制保险公司，其业务发展灵活，增长极为迅速，成立两年后就转变成了全国性的综合股份制保险公司，并在 1992 年得以冠名"中国"二字，紧接着在第二年率先引入了外资战略投资者，业绩的快速发展需要治理结构的完善，而后者又反过来推动了公司绩效的快速提升。从 20 世纪 90 年代初期开始，中国太平洋保险等多家股份制保险公司相继成立。1992 年开始，以美国友邦为领头羊的外资保险公司开始进入中国保险市场，外资保险公司的进入，给我国保险业发展和保险公司治理的完善施加了压力。

国有保险公司改革开始积极探索。十四届三中明确提出了建立现代企业制度的指导方针，1994 年《公司法》明确提出公司应该构建股东会、董事会和监事会组成的新三会之治理结构。《保险法》于 1995 年出台，为了规避行业垄断，规定了财产保险和人寿保险分业经营的原则。中国人民保险公司于 1996 年开启了国有独资保险公司改革的历程，改为中国人民保险（集团）公司，集团公司下设三个专业子公司，分别为中保财产保险有限责任公司、中保人寿保险有限责任公司和中保再保险有限责任公司，三家保险公司均为独立法人，集团公司和各专业子公司均设置相应的董事会和监事会。最终将三家专业子公司分别改组为中国人民保险公司、中国人寿保险公司和中国再保险公司，此项改革于 1998 年完成，标志着中国国有保险公司体制改革正式完成。1998 年，中国保险监督管理委员会成立，标志着中国保险业治理走向新阶段的开始。

这一阶段，从公司治理角度分析可以归纳为以下三个方面：首先，市场主体不断增加，垄断经营被打破，竞争性氛围逐步加强。根据资料显示，人民保险公司市场份额在 1993 年为 94.2%，到 1996 年降到了 66.67%，同年平安保险为 21.21%，太平洋保险为 11.70%，其他保险公司 0.42%（郑飞虎，2004）。其次，投资主体逐步实现了多元化，股份制和外资保险公司具备较好的公司治理结构，为国有保险公司治理改革带来了压力。1996 年及之后设立的保险公司均是按照《保险法》要求的股份制公司，企业法人股成为产权主体的重要一员。而国家建立现代企业制度意见的出台为保险业改革指明了方向，中国人民保险公司开展的国有独资保险公司改革，初步确立了公司治理开展的基础。最后，公司治理环境在不断地完善，《保险法》为保险公司发展和保险监管提供了法律依据。但是，在这一阶段，仍然存在公司治理结构不完善，公司内外部治理机制建设滞后、缺失，存在严重的"内部人控制"，而股份制改革的理论、措施、方法都还处于探索阶段，公司治理结构和治理机制对中国保险公司仍然是一个新鲜事物。这些现实急切需要对保险业继续进行改革，激发国有保险公司的活力。总之，这一阶段，保险公司治理整体变现是形似而神非。

（三）1999—2003 年国有股股份制改革

完善产权结构，促进投资主体多元化是促进我国保险业健康发展的必然选择，这一工作在 2003 年得以完成，这一年，人民保险公司、人寿保险公司股份制改制相继完成，并通过在海外上市走向了世界舞台，为完善公司治理提供了平台与机会。2000 年开始，中国成功加入国际保险监督官协会（IAIS）也为完善我国保险业治理获取了机会和途径。

国有保险公司股份制改制完成以后，国有股持股比例下降，取而代之的是国有法人股、企业法人股，股权结构实现了多元化。为更进一步促进保险业的发展、提升中国保险业竞争力，完善公司治理，国家积极鼓励保险公司吸纳外资资本和民营资本。但此阶段，因为资本市场不发达、法律机制不完善、新三会职能并未得以切实履行，所以内外部治理机制并不完善。"内部治理不到位，外部治理仍缺位"（李琼 等，2003）是这个阶段治理特征的真实写照。

独立董事制度在保险行业得以成功引入。从理论上讲，独立董事因为其客观、公正，注重个人声誉，拥有专业知识，能够较好地发挥其战略规划和监督职能，提升公司价值、维护广大中小股东和其他利益相关者的利益。同时，这一观点在实证中也得到了广泛的支持。为了完善公司治理，顺应国际发展趋势，2001 年泰康人寿率先引入了独立董事，自此，中国保险业公司治理又向国际化方向前进了一大步。

外资保险公司蜂拥而入。2001年，中国成功加入世界贸易组织（WTO），3年过渡期后中国保险业对外全面开放。外资保险公司开始通过合资或独资的形式进入我国市场，倒逼着中国保险业快速完善公司治理，提升应对国际化竞争的能力。2001年，中国保监会下发了《关于规范中资保险公司吸收外资参股有关事项的通知》和《中华人民共和国外资保险公司管理条例》，对外资股权事项进行了规范。截至2003年年底，我国外资保险公司已经达到了37家，其中合资19家、外国保险公司设立的分公司18家。同时，中国人民保险集团股份有限公司和中国人寿保险股份有限公司也走向了世界舞台，海外公开发行股票比重分别为28%和27.8%。与此同时，有6家中资保险公司已经引入了外资股作为境外战略投资者（表5-5）。外资战略投资者的引入为中国保险业带来了技术优势和管理经验，结合中国本土保险公司的地缘优势，中国保险业在之后的一段时期得以快速发展。

表5-5　2003年中资保险公司外资参股情况一览表

保险公司	外资股东	参股比例（%）
中国平安保险（集团）股份有限公司	摩根士丹利毛利求斯投资控股有限公司	6.87
	高盛集团有限公司	6.87
	汇丰保险控股有限公司	10.00
	小计	23.74
新华人寿保险股份有限公司	苏黎世保险公司	10.00
	国际金融公司	6.00
	日本明治生命人寿保险公司	4.50
	荷兰金融发展公司	4.40
	小计	24.90
泰康人寿保险股份有限公司	瑞士丰泰人寿保险公司	10.00
	新政泰达投资有限公司	8.33
	卢森堡洛易银行	5.67
	软库集团	1.00
	小计	25.00

续表

保险公司	外资股东	参股比例（%）
华泰财产保险股份有限公司	安达天平再保险有限公司	10.00
	安达北美洲保险控股公司	6.13
	安达美国控股公司	6.00
	小计	22.13
太平人寿保险有限公司	中保国际控股有限公司	50.05
	金柏国际投资有限公司	12.45
	富通国际股份有限公司	12.45
	小计	74.95
太平保险有限公司	中保国际控股有限公司	30.05
	中国工商银行（亚洲）有限公司	24.99
	小计	55.04

数据来源：引自吴定富主编的《中国保险业发展改革报告（1979—2003）》第45页。

（四）2004年至今市场化经济型治理逐步完善

2004年12月11日，中国保险业这一块被认为是世界上最大、最肥、最后的一块"蛋糕"对外全面开放。国际上具有多年管理经验和产品研发技术的先进的保险公司如潮水般冲破了中国保险业的大门，"狼来了"的言论在当时的保险界甚为盛行。如何才能如狼共舞，中国保险业如何应对？建立现代保险企业制度、完善保险公司治理机制，提高保险业经营效率、提升中资保险公司市场竞争力是根本出路。至此，迫于巨大的压力之下，中国保险业才开始真正的完善市场化经济型治理。

为了规范保险业的发展，建立科学的公司治理结构，完善保险公司治理，保险公司治理文件不断出台。国务院2006年公布了《国务院关于保险业改革发展的若干意见》，意见指出要进一步完善保险公司治理结构，规范股东会、董事会、监事会和经营管理者的权责，形成权力机构、决策机构、监督机构和经营管理者之间的制衡机制，这份文件被业界视为"保险业的春天"。保监会2006年颁布了《关于规范保险公司治理结构的指导意见（试行）》，对保险公司股东义务、董事会建设、管理层运作、信息披露、治理结构监管等六个方面提出了指导性意见，尤其是涉及了保险公司董事会职责、独立董事等公司治理的关键问题，并要求保险公司至少要设审计委员会和提名薪酬委员会这两个专业委员会，并要求专业委员会要有三名不在管理层任职的人员组成。笔者认为这份文件是中国保险公司建立现代企业制度的标志性文件。紧接着，2006 年下发了《保险公司董事和高级管理人员任职资格管理规定》，对保险公司董事、高管提出了金融、法律、财会等方面的专业化要求。在 2007 年，保监会下发了《保险公司独立董事暂行管理办法（试行）》，对独立董事的提名、任职资格、数量等作出了规定，要求股份制保险公司至少要有 2 名独立董事，总资产过 50 亿的保险公司要在 2007 年底拥有三分之一及以上的独立董事，其他公司当资产达到 50 亿后的一年内独立董事也要达到这个标准，同时要求独立董事不得在别的经营同类业务的保险公司任职，也不得在超过 4 家以上的企业任独立董事。在 2008 年，《保险公司董事会运作指引》对保险公司董事会的成员的资格、任免、专业委员会、董事会会议、董事考核等事项做出了规定。要求保险公司董事会定期会议每年至少召开 4 次。鼓励保险公司建立由 7~13 名董事组成的专业、高效的董事会。保险公司董事在任职前，应当取得中国保监会的任职资格核准，鼓励保险公司聘用精算专业人士担任董事。2010 年《保险公司股权管理办法》规定，保险公司变更出资额占有限责任公司注册资本 5% 以上的股东，或者变更持有股份有限公司股份 5%以上的股东，应当经中国保监会批准。保险公司变更出资或者持股比例不足注册资本 5% 的股东，应当在股权转让协议书签署后的 15 日内，就股权变更报中国保监会备案，上市保险公司除外。2012 年颁布了《保险公司控股股东管理办法》，2014 年修订了《保险公司股权管理办法》，尤其是国务院 2014 年颁布的《关于加快发展现代保险服务业的若干意见》为中国保险业进行了顶层设计。这些办法（表 5–6）的出台，完善了保险公司治理结构，加强了保险公司内部治理机制和外部治理环境的建设。

表 5–6 中国保险公司治理规范主要文件

时间	颁布部门	文件名称
2006 年	国务院	《国务院关于保险业改革发展的若干意见》

时间	颁布部门	文件名称
2006 年	保监会	《关于规范保险公司治理结构的指导意见（试行）》
2006 年	保监会	《保险公司董事和高级管理人员任职资格管理规定》
2007 年	保监会	《保险公司独立董事暂行管理办法（试行）》
2008 年	保监会	《保险公司董事会运作指引》
2010 年	保监会	《保险公司股权管理办法》
2012 年	保监会	《保险公司控股股东管理办法》
2014 年	保监会	《保险公司股权管理办法》（修订版）
2014 年	保监会	《保险公司收购合并管理办法》
2014 年	国务院	《关于加快发展现代保险服务业的若干意见》

资料来源：根据国务院和保监会历年颁布的文件整理。

与国家规范保险公司治理文件相伴的是，各保险公司治理在不断完善，保险市场日新月异。新保险公司不断出现，市场竞争主体快速增加，截至 2013 年年底，我国经营财产保险和人身保险的保险公司合计 134 家。保险公司股权结构逐步多元化，各家保险公司在这一阶段不断吸引外资、民营资本进入，一是增资扩股，满足业务快速发展的需要，二是通过股权结构多元化，不断完善公司治理结构。根据保监会公告，仅从 2006 年到 2010 年间，有 36 家保险公司对其股权进行了多达 62 次变更，其中民生人寿在此期间经历了 5 次股权变更，多家公司进行了多达 3 次的股权变更。在此过程之中，多家保险公司的股权结构不断地调整，外资战略投资者引进的脚步明显加快。我国保险公司步入了市场化的经济型治理阶段。尤其是十八届三中全会提出了建立"归属清晰、权责明确、保护严格、流转顺畅的现代产权制度"将加速这一进程的实现。

第二节　中国保险公司股权及董事会治理现状与主要问题

我国保险业从 20 世纪 90 年代，特别是 21 世纪以来，市场竞争主体在快速增加。截至 2014 年 6 月 30 日，共有 10 家保险集团控股公司、人身险公司 70 家（本书将友邦保险有限公司视为一家公司）、财产险公司 65 家、再保险公司 8 家及保险资产管理公司 18 家。从保险公司性质上看，70 家人身险保险公司中 42

家中资公司、28 家外资公司；65 家财产险保险公司中 43 家为中资公司、21 家为外资公司。

2010 年，中国保监会颁布的《保险公司信息披露管理办法》较此前的《保险公司信息披露管理暂行办法》对保险公司信息披露有了更高的要求，虽然并不能将保险公司的全部信息进行披露，但是较以往的公司治理信息披露质量有了较大提升，能够为开展公司治理研究提供较好的数据资源，所以本书所借助的数据也是来自于各保险公司自 2010 年及以后年份所披露的公司治理和年度信息披露数据，同时结合保监会公布的行政许可批复结果等资料进行手工整理而得。

如上一节所述，众多公司治理文件的密集出台，显示了我国保险监管部门对保险公司治理工作的高度重视，从另一个侧面也反映了我国保险公司治理工作存在较大的不足。在这一部分中我们首先分析一下我国保险公司股权结构现状，之后重点分析一下我国保险公司董事会治理的现状及问题。

一、中国保险公司股权结构治理现状

从我国保险公司股权结构发展历程我们可以清楚地看到，我国保险公司股权从纯粹的国有股权逐步转向国有股、国有法人股、民营股、外资股等多种股权并存的状态。随着股权结构的不断优化，我国保险业日益壮大，尤其是在加入WTO 之后，众多具有数十年甚至上百年管理经验的国外优秀保险公司蜂拥而入，为我国保险业带来了先进的技术和管理经验，同时进一步优化了我国保险公司的股权结构。截至目前，我国保险业呈现出了股份制公司为主体、国有保险公司和政策性保险公司为补充、中外保险公司并存、多家保险公司竞争的发展局面。

从保险业发展历程上来看，我国保险业仍处于发展的初期起步阶段。初期起步阶段的特征主要表现为市场主体仍在快速增多、保费规模连年大规模提升、竞争虽有加剧但大公司市场势力仍旧强势、市场集中度过高，各保险公司之间产品大同小异，创新能力不强。保险业的健康发展对我国经济运行发挥的作用将日益巨大，为了保证保险业的健康持续发展，与世界上大多数国家相同，我国保险监管部门对保险业进行了严格的监管。截至目前，虽然我国保险公司的股权结构较2000 年之前的状况有所优化，但是保险公司的股权结构仍然存在较为严重的问题，比如，股权结构单一、股权集中度过高，大股东控制或者是内部人控制现象严重等众多问题。同时，保险业务规模的快速增长，部分股东资金实力难以满足对资本金的持续增加地要求，从而部分大股东存在短期投资行为，缺乏长期投资的战略，体现在保险公司股权转让较为频繁。

市场竞争主体不断增加，但保险市场竞争仍严重不足。如上所述，我国保险业，从中国人民保险公司独霸天下，到三足鼎立，再到目前群雄逐鹿、诸侯争霸的局面，市场竞争主体在不断且快速地增加。虽然市场主体在快速增加，但是众多保险公司发展历史短暂、资本金实力弱小，众多的市场主体所占市场份额却无足轻重，对我国自 2000 年以来的我国寿险和产险市场集中度变迁情况分析发现，无论寿险市场还是财险市场前四大保险公司市场份额之和在 2000 年的时候都在 97% 以上，即使经过了十多年的发展，截至 2013 年年底寿险和财险的市场份额都远在62% 以上，表明保险公司市场仍高度集中。但是从数据的发展趋势可知，前四大保险公司在 20 世纪 90 年代初期及之前均为 100%，20 世纪 90 年代虽然有所降低，但是并不明显，到 21 世纪初期开始逐渐降低，2006 年财险公司降低到了 80% 以下，2009 年寿险公司降低到了 70% 以下，到了 2010 年寿险和财险都降到了 70% 以下，说明随着我国加入 WTO 及国内保险业的股份制改革的开展，以及国家对保险业改制地不断进展，我国保险业市场主体在不断增多，市场竞争程度也在不断增强。虽然我国保险业中前四大保险公司的市场集中度在逐步降低，但根据贝恩市场结构理论，我国保险市场仍属于寡占Ⅲ型。看到我国保险业快速发展的同时，也说明了我国保险业改革任重而道远。

外资独资保险公司的引入及外资战略投资者的加盟，市场主体性质不断多元化。截至 2013 年年底，我国共有 134 家保险公司，除中国进出口信用保险公司及未能够获取数据的保险公司外，我们能够获得 130 家保险公司的数据。在这 130 家保险公司中，有 18 家为外国保险公司在我国设立的外资保险公司独资子公司，此外有 23 家外资保险公司中，外方持股比例大于等于 50%，还有 27 家保险公司的前十大股东中有外资保险公司持股（其中 24 家外资保险公司在前五大股东行列之中）。如果我们仅从保险公司性质角度（中资保险公司还是外资保险公司）分析市场份额的话，2013 年外资财险公司保费收入为 83.01 亿元，占我国财险市场保费收入的市场份额为 1.28%，这一数值在 2003 年为 1%；外资寿险公司 2013 年的保费收入为 596.85 亿元，占我国寿险市场保费收入的市场份额为 5.88%，而在 2003 年这一数值为 1.90%。通过上述数据，有观点认为大家一直喊的"狼来了"的狼并没有真正出现。一些学者认为，虽然国外保险公司拥有多年的经验和技术，但是他们的文化并不能与中国文化进行无缝衔接，所以外资保险公司的进入并未给我国保险公司带来过大的竞争压力。外资保险公司在我国保费收入所占据的市场份额多年来一直较低的一个原因在于，我国并未向外资保险公司开放我国财产保险中最重要的险种即机动车辆交通强制责任保险，而机动车辆交通强制责任保险和机动车辆商业保险紧密联系在一起，机动车辆保险在我国财产保险业务中一直占比都在 70% 以上，如 2012 年机动车辆保险保费收入占非寿险公司业务的比重为 72.4%，而同时外资保险公司新设业务机构或在新的区域开展业务也都要直接获得中国保险监督委员会的直接批准，从而受到相对严格的监管。但是这一局面也在不断的变化，2012 年 2 月，中国和美国共同发布了《关于加强中美经济关系的联合情况说明》中规定中国将对外资保险公司开放机动车辆交强险的经营资格，虽然截至目前进展缓慢，但是我们可以预期外资保险公司的市场份额将会快速提升。但是如果我们换一个角度看这一个问题，我们会得到一个截然不同的结果。从外资保险公司和我国保险公司外资战略投资者持股比例角度进行分析①，发现在 2013 年根据外资保险公司持股比例计算得到的其所对应的财产保险保费收入为 967.40 亿元，占我国财险保费收入的市场份额为 14.93%，其所对应的人身险保费收入为 2104.68 亿元，占我国人身险保费收入的市场份额为 19.59%。从这一角度分析，外资保险公司确实在逐步获取我国保险市场的市场份额。外资保险公司的技术优势结合中方股东的地缘优势，结果就是保费规模的快速上涨和市场份额的不断提升。

非国有法人持股逐步优化。在我国保险公司中，截至 2013 年年底，共有 40 家保险公司（占所有保险公司数量的 29.85%）中有非国有法人持股，其中 21 家保险公司中非国有法人持股比例在 50%（含）以上，有 19 家保险公司中非国有法人持股比例在 50% 以下。如果根据非国有法人持股比例计算其所对应的保费收入，则其所对应的财产保险保费收入为 1137.78 亿元，占我国财险保费收入的

---

① 因在分析时受制于数据限制，本书未能穷尽每一家保险公司所有股东的情况，因此这里的统计是不完全统计，但是我们能够确认的股东性质所对应的保费占据了 2013 年总保费的 94% 以上，因此能够代表我国保险市场的整体状况。

市场份额为 17.56%；其所对应的人身险保费收入为 2035.47 亿元，占我国人身险保费收入的市场份额为 18.95%。

显而易见，我国保险公司中国有股及国有法人股仍占据绝对主导地位。根据笔者的统计，在所分析的 130 家保险公司中 92 家拥有国有股份，其中国有股份在 70 家保险公司的持股比例在 50% 及以上。根据国有及国有法人股所对应的比例计算其保费收入为占我国保险市场份额为，财险公司 62.37%，人身险公司 55.74%。

通过上面的分析我们可以看出，虽然我国保险公司股权结构在不断的优化，但股权制衡机制在保险公司中作用仍然较弱。在这 130 家保险公司中，第一大股东持股比例在 50% 及以上处于绝对控股的公司有 74 家，占比为 56.92%；而第一大股东持股比例在 30% 以上处于相对控股的有 77 家，占比为 59.23%；虽然其中有 19 家公司为中外合资公司，分别由两大股东持有股份，持股比例为 50%：50%。即使如此，我们也可以直观地感觉到众多保险公司中第一大股东处于绝对控股地位，由此造成股权制衡机制功能弱化，从而引致众多治理问题。从股权赫芬达尔指数分析，H4 最大值为 1，最小值为 0.0287，中位数为 0.5，平均值为 0.489，说明保险公司股权配置失衡现象严重。

保险公司业务，尤其是寿险业务的经营，并非一蹴而就，而是需要建立在长期经营的基础之上，如此则对保险公司股东财务能力具有较高的要求。关于股东持股比例方面，2004 年到 2010 年间，保监会规定内资中小保险公司单一股东持股比例不得超过 20%，从 2010 年开始保监会规定采取经过保监会特批的方式允许单一股东持股比例超过 20% 的规定。2000 年保监会颁布的《向保险公司投资入股的暂行规定》、2006 年颁布的《关于规范保险公司治理结构的指导意见（试行）》和 2010 年颁布的《保险公司股权管理办法》都对股东的资格和经营能力做了相应的要求，尤其是在 2010 年的办法中明确要求股东财务状况要良好稳定且有盈利，而且对持有股份在 15% 及以上的股东要求具有持续出资能力且连续三个会计年度要连续盈利。面对保险公司经营管理能力不足、新的市场主体如雨后春笋般设立的环境下，新的保险公司要想取得较好的经营业绩需要具有较高的自身素质条件。我国保险业务收入连年快速增长的现实要求各股东要具有持续出资来充实资本金进一步扩大业务规模的能力，而一些股东出资的目的在于尽快获取短期收益，具有短视行为而并不关注长期发展战略，所以保险公司股权转让行为也逐渐增加。根据保监会要求的保险公司变动 5% 及以上注册资本或股份的公司要经过保监会批准，变更 5% 以下的股东需要向保监会备案的规定。根据保监会网站公布的批复显示，从 2006 年到 2010 年 5 年间，我国共有 36 家保险公司发生了 62 次股权变更；从 2011 年到 2013 年 3 年间共有 36 家保险公司发生 37 次股权变更。保险公司股权频繁地转让反映出来的是管理者和经营者只关注短期股权转让的溢价收益而不重视保险公司的长期稳健经营和保险公司股东本身出资能力不存在可持续性，这种行为势必为保险公司健康稳健发展带来隐患。为了控制股权频繁转让带来的长期风险，2014 年 4 月保监会下发的《保险公司收购合并管理办法》规定保险公司股权收购完成之日起三年内，不得转让所持有的被收购保险公司股权或股份，这一举措也将在一定程度上克服股东的"短视效应"。

综上所述，我国保险业股权结构虽然不断得到优化，但是还存在股权结构单一、股权集中度过高、股权转让行为较为频繁、内部人控制现象较为严重等众多问题。公司治理水平与股权结构密切相关，股权结构的优化是完善公司治理的前提。

二、中国保险公司董事会治理现状分析

中国保监会自 2000 年加入国际保险监督官协会（IAIS）以来，我国的保险公司治理结构逐步的完善、公司治理水平也明显得以提升，尤其是 2005 年之后，我国的保险公司治理结构建设已经成为保监会监管的重要工作和各保险公司提升自身竞争力的关键所在。2006 年《国务院关于保险业改革发展的若干意见》中明确提出"继续深化体制机制改革，完善公司治理结构，提升对外开放的质量和水平，增强国际竞争力和可持续发展能力"的要求。董事会是保险公司治理的核心所在，2006 年保监会颁布的《关于规范保险公司治理结构的指导意见（试行）》中明确了各保险公司董事会的职责除了法律法规和公司章程规定的之外，还要承担内控、风险与合规职责。这样的职责要求保险公司董事会成员必须具有金融、经济、法律、财务等专业背景和管理经验，否则无以胜任；意见还规定股份制保险公司至少要拥有两名及以上的独立董事，并逐步达到三分之一以上，同时对独立董事的职责做出了规定；关于董事会专业委员会，意见规定股份制保险公司至

少要设置审计委员会和提名薪酬委员会；为了加强保险公司内部制衡，意见要求要逐步完善董事长与总经理设置；强调了总精算师的重要作用；意见同时规定了，股东资质、董事、监事、高管的资格要经过保监会审查，否则不能任职。同年，保监会颁布的《保险公司董事和高级管理人员任职资格管理规定》对保险公司高管和董事的任职资格进行了明确规定，要求保险公司董事应具有 5 年以上的金融、法律、财会等背景及相应的工作经历；对高管采取分级审查、分级管理的方式，董事需要经过保监会核准后方可任职，保险公司擅自任命的无效。2007 年，保监会又颁布了《保险公司独立董事管理暂行办法》，此办法对保险公司独立董事的任职资格、提名、选举、罢免、职责等作出了相应的规定，办法规定股份制保险公司在 2007 年 6 月 30 日前至少要有 2 名及以上的独立董事，在总资产达到 50 亿元以后的保险供公司在一年内独立董事的比例要达到三分之一及以上，办法还规定独立董事可以连选连任，但是连续任职期限不得超过六年。为了规范董事会的有效运行，提高董事会运作质量，促进保险公司治理结构的完善，保监会 2008 年颁布了《保险公司董事会运作指引》，该指引对董事的任职资格、任免、考核等问题再次进行强调。2014 年国务院颁布了《关于加快发展现代保险服务业的若干意见》，再次强调继续深化保险公司改革，加快建立现代保险企业制度，完善保险公司治理结构。上述众多文件的密集出台，显示了我国保险监管部门对保险公司治理工作的高度重视，从另一个侧面也反映了我国保险公司治理工作存在较大的不足。根据这些文件的要求，保险公司治理结构建设得以迅速展开，但是各家保险公司实际运行的如何，在这一部分中我们来分析一下我国保险公司董事会治理的现状。

（一）中国保险公司董事会规模现状分析

董事会规模是决定其治理有效性的首要因素。在我们对保险公司董事会信息的统计中，我们能够获取 128 家保险公司 2013 年董事会数据，这 128 家保险公司共有董事成员 1128 位，每家保险公司董事会平均人数为 8.81 人。其中，寿险和财险公司董事会平均规模分别为 9.01 人和 8.44 人。董事会规模最大的为 19 人，最小的仅为 3 人，中位数为 9 人。对比发达国家保险公司董事会规模，Ho，Lai 和 Lee（2013）对美国财产保险公司董事会分析发现，财险公司董事会平均规模为 10.27 人，Huang 等（2011）统计了美国财险公司 2000 年到 2007 年财险公司董事会平均规模为 10.75 人。

（二）中国保险公司董事会独立性现状分析

在保险公司董事会中，执行董事的比例为 17.70%，大部分董事由股东委派参加董事会且担任执行董事。在这 128 家保险公司中，只有 76 家（占比为 57.4%）聘请有独立董事，合计 190 人次，平均 2.5 人/家，独立董事占整体董事人数的比例为 16.84%，说明独立董事比例不足。国外保险公司独立董事占比远远高于这一比例。在这 76 家保险公司中，51 家保险公司提供了独立董事的年龄信息，笔者统计了这 51 家保险公司 138 位独立董事的年龄信息，发现，独立董事的平均年龄为 59.37 岁。在所有独立董事中，女性独立董事占比为 12.71%。

（三）中国保险公司董事会领导权结构现状分析

本书对中国保险公司董事会领导权的统计表明，33.33% 的保险公司采取的是一元领导权结构，说明无论规模大的保险公司还是规模小的保险公司，两职合一的一元结构是被普遍采用的董事会领导权结构，但是多数外资公司为两职分离的结构。之所以采取这样的领导权结构，可能和我国保险公司产生的背景和目前所处的发展阶段所决定的。

（四）中国保险公司董事会行为现状分析

衡量董事会行为的指标具有多种，如会议频率、董事人员表决信息及董事会专业委员会等。结合我国保险公司信息披露情况及经营管理对专业性的要求，因为众多公司并未公布董事会议及表决信息，我们考察了董事会专业委员会数量。根据我国保监会相关规定，股份制保险公司至少要有两个专业委员会，根据上市公司相关管理规定，上市公司要有四个专业委员会。在实际工作中一些保险公司设置的专业委员会数量较多，能达到 6 个，而一些公司却并未设置专业委员会。

（五）中国保险公司董事会素质分析

1. 董事及独立董事背景分析

关于董事的专业背景，40.26% 的董事具有金融背景，28.30% 的董事具有财务背景，而只有 5.78% 的董事具有法律背景，3.45% 的董事具有精算背景；而 52.23% 的董事具有硕士、博士学位。关于独立董事专业背景（图 5-2），39.42% 具有金融背景，21.50% 具有财会背景，说明独立董事大多具有金融和财务背景，而 7.60% 具有法律背景，只有 3.16% 具有精算背景，与金融财务背景的董事相比，法律和精算背景的董事比例明显偏低。关于独立董事的教育背景，19.62% 具有硕士学位，36.71% 具有博士学位。关于独立董事任职期限的统计分析显示，截至 2013 年年底其平均任期为 3.20 年。从全体董事成员和独立董事专业背景和教育程度分析，发现二者基本类似。

2. 董事会多元化分析

在所有的董事会中女性董事的比例仅仅为 13.59%，远远低于男性董事所占比例，表明我国保险公司董事会成员构成中缺少多元化。

除上述董事会特征之外，笔者分析了监事会构成，而言每家保险公司平均拥有三名监事会成员。但是监事会职能发挥令人担忧，如有的公司监事会从来没有召开过会议，甚至有的保险公司监事会成员同时还担任着公司审计负责人，如此监事会的职能令人质疑。

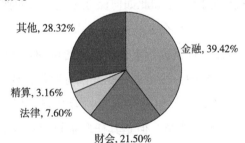

图 5-2　保险公司独立董事专业背景构成分析

三、中国保险公司董事会治理存在的主要问题

根据目前保险公司董事会运作的情况分析，保险公司董事会治理中存在的不足主要表现在以下几个方面。

1. 董事会规模存在较大差异

有些保险公司因为规模大，需要较多的董事会成员处理事务，最多达到了 19 人；为了平衡股东利益，实现相互制衡，大多股东都根据股权比例派遣董事，造成董事会臃肿，但是也有众多保险公司仅仅为了满足法律要求而设立 3 人或者 5 人的董事会，保险公司间董事会规模差异明显。

2. 独立董事数量不够，比例不足，董事会独立性差，独立董事职能发挥受阻

除了几家上市公司之外，很多保险公司独立董事占比较低，不能满足保监会对独立董事比例和数量的要求，且独立董事的提名和任命在很大程度上受大股东控制。在西方发达国家一般公司治理中极为典型的第一类代理问题在我国保险公司中并不严重，在我国，因为经营管理者是股东的代表，二者利益一致，二者将从一般公司治理中的利益冲突状态转变为在保险公司治理中的合谋状态。

根据保监会相关要求，股份制保险公司应该拥有至少 2 名独立董事，如果公司总资产达到 50 亿之后，独立董事的比例要达到三分之一以上。但是，在实际运作中，较多的保险公司独立董事数量和比例都不达标，比如众多股份制保险公司没有独立董事或者只有一名独立董事。

3. 独立董事的独立性无法保证

根据保监会规定，独立董事在同一家保险公司连续任职期限不能超过 6 年，不能在经营同种业务的保险公司同时担任独立董事。但是在实际运作中，个别独立董事连续任期能够已超过 6 年，如此如何保证独立董事的独立性问题值得思考。

4. 董事任职资格不符合保监会文件规定

保监会对董事人员任职资格进行审查和核准的目的在于保证董事会成员能够胜任。实际上，董事会成员中一些董事任职并没有获得保监会的审查与核准，比如在中国保监会监管函（2013）50 号中显示，紫金财产保险股份有限公司的公司章程中规定拥有 11 名董事成员，但是其任职资格通过保监会审查和核准的仅有 7 人，而同时，一些未经保监会核准的人员却在董事会会议决议和会议记录上签字，由此可见，董事会作为公司治理的核心徒有其形，运作极不规范，其职能发挥也将受到质疑。

5. 董事会成员不持股

董事会成员基本都是由股东单位委派，几乎全部董事都不持有其所服务保险公司的股份，如此则在表决的时候也只是起到了"传话筒"的作用，对表决结果不承担责任，从而缺乏其本人独立客观的判断（孟龙，2009），其履行职责的积极性毫无疑问会受到影响。管理层不持股在我国是普遍现象。即使在合资公司中，

董事长一般由中资股东派遣，而总经理则由外资股东派遣，董事会成员数量按照股权比例分配，董事会成员也均为中外方股东单位派遣，并不持有公司股份。与此同时，董事会成员的专业水平和决策能力不高，对业务经营管理及专业知识不了解，对法律法规了解不深，缺乏企业管理经验等。如中外合资公司中，中方股东一般是大型国有企业或者民营企业，其所派出的董事会成员只专业于原来工作，而对保险业务专业知识不足；个别保险公司董事会成员比较年轻，缺乏履行董事职责所需要的阅历积累及专业技能。

6. 董事会职能发挥不到位

董事会职能发挥不到位体现在董事会形同虚设，未履行其应有职能，同时有些公司董事会规模设定阻碍了董事会职能发挥。董事会作为治理的核心机制，要对股东会、债权人和监管人等权利利益相关者负责，对公司重大事项进行战略规划和批准。但是在一些保险公司董事会并未起到其应有的作用，根据保监函（2013）45号显示，安华农业保险股份有限公司先后八次修改了其"十二五"发展规划，但是每一次发展规划的修改均未经股东大会和董事会审议。还有较多的保险公司董事会成员人数为偶数，如中外合资保险公司，因为其中外股东各持有50%的股权，结果双方各派出一半的董事会成员，根据董事会半数通过及一人一票的表决制度，对于存在异议的重大事项进行表决的时候容易出现支持方和反对方势均力敌的僵持局面，从而影响董事会在重大事项决定时职能发挥。

7. 董事会会议运作及人事安排不规范

关于会议频率，保监会文件要求保险公司董事会每年至少召开四次全体会议，但是保监会在检查中却发现，一些保险公司董事会年度会议次数少于4次，不能很好地履行其所肩负的根本职能。从董事在董事会中任职分析。有些保险公司的董事长兼任提名和薪酬委员会的主任委员，这样的董事会人事安排，违背了专业委员会设置的初衷，如此则失去了其存在的价值。一些董事会成员连续数次未亲自出席董事会也未曾委托他人出席，违反了保监会监管文件的有关规定。

8. 董事会专业委员会运作不规范、职能发挥不足

虽然大部分保险公司都按照保监会文件的要求设置了相关下属专业委员会，而在实际工作中，因一些公司董事人员较少，而又设置数量较多的专业委员会，这样一名董事同时担任数个专业委员会职责的状况较为普遍；其次，一些保险公

司虽然设置了专业委员会，但是在工作的实际开展中，专业委员会却并不运作或者基本不运作[1]，徒有其形，而不具其实。还有一些保险公司董事会专业委员会中存在非董事会成员任职的现象[2]。个别保险公司董事会专业委员会在进行议案表决的时候并没有达到半数通过的情况下仍提交董事会进行审议。

9. 中国保险公司董事会治理是强制性变迁而非诱致性变迁

中国保险公司董事会规模、构成、专业委员会、会议频率等都是保监会通过下发文件的形式要求的，是强制性的制度要求，而非是保险公司自身科学决策的自然需要。

中国保险业仅经历了 30 多年的发展，公司治理还存在众多的不足。值得欣慰的是，我们清晰地看到了中国保险公司治理结构的构建、治理机制的完善，从形神俱无到徒有其形，再到形神兼备，中国保险业现代企业制度正在逐步建立。对保险公司董事会的评价可以从治理的合规性和有效性来分析（李维安 等，2012）。合规性主要是观察保险公司董事会的规模、构成、领导权结构、专业委员会、会议次数等硬件施设，而有效性主要分析的是保险公司董事会人员素质、专业背景、从业经历、年龄结构、性别构成、决策质量等软件环境。截至目前我国保险公司董事会建设无论是合规性和有效性都需要大幅度改进，表明现代公司治理制度需要有一段较长的路程。

第三节　保险公司绩效评价的方法

一、保险公司绩效评价特殊性及评价指标选择

保险公司治理目标的特殊性决定了绩效指标选择的特殊性。保险公司专业化于风险经营，在保险消费者与公司所订立契约生效之时起，保险公司就开始承担起对保险消费者的保障责任，契约在几年甚至数十年之后是否能够得到履行、履行质量如何是消费者关注的重点，所以保险公司的经营与一般公司不同之处在于，

---

① 根据保监会监管函（2013）50 号显示，紫金财产保险股份有限公司的审计委员会、提名薪酬委员会和投资决策委员会自成立以来从来没有召开过会议。

② 根据保监会监管函（2013）49 号显示，中邮人寿保险股份有限公司在投资决策委员会、风险管理委员会及战略规划委员会总均存在非董事会成员任职的现象。

其不能只单独考虑股东的利益，同时更应该充分考虑广大分散的债权人（消费者）等核心利益相关者的利益。保险公司治理目标不仅仅追求利润最大化，而同时更要关注保险公司经营风险的最小化，即在风险最小化前提下的收益最大化。保险公司治理目标决定了衡量保险公司治理绩效时，不能仅仅依据传统的一般公司治理中所采用的单一财务指标如总资产收益率、净资产收益率等，还应该关注保险公司业务经营的稳健性也即对广大债权人利益保护的程度，如保险公司的经营稳健性等指标，同时，为了更好地保护广大债权人的利益，根据保险业的特性，我们也要关注保险公司的成长能力和经营效率。所以，在这一部分中，我们将较为详细地讨论保险公司治理绩效的指标选择。

李维安等（2012）指出，保险公司所应该追求的治理目标在考虑股东利益的同时，也应该极其重视对广大债权人等利益群体利益的考虑，所以选择了偿付能力溢额作为保险公司对其他利益相关者利益保护的指标。夏喆、靳龙（2013）从风险控制角度和绩效评价角度分别选择了偿付能力充足率和净资产收益率两个指标分别展开了实证分析，从一定程度上体现了对广大债权人利益的考虑。陈彬（2011）在对我国财产保险公司绩效描述的时候从盈利能力、财务状况、抗风险能力及成长性等几个方面展开，但是作者仅是对各家保险公司的上述每一项指标分别进行了排序，而在进行实证检验的时候仍回到了总资产收益率这一传统财务指标。孙蓉、王超（2013）认为保险公司经营绩效综合评价既是一个研究方法问题，也是一个基础理论问题，作者认为为了保证保险业的可持续发展，根本方法就是从全面风险管理的角度考虑；作者在主成分分析时采用了偿付能力类、资产质量类、稳健营运类、盈利能力类和发展能力类指标。

保险公司绩效指标的选择不但要关注其现实价值，更要关注其潜在价值，只有关注其潜在价值才能更好地保护广大债权人的利益。考虑到保险业治理目标的特殊性并结合已有文献，本书在选择保险公司绩效指标的时候将从经营效率、成长能力、稳健性及盈利能力等四个角度选择变量，从而实现对公司绩效全面、客观的评价。本书分别选取了下列各项绩效指标，保险公司盈利能力指标有总资产收益率和净资产收益率两项指标；保险公司经营稳健性指标主要包括资产负债率、偿付能力充足率等两项指标；保险公司成长性指标包括原保费收入增长率、总资产增长率及自留保费增长率等三项指标；保险公司经营效率指标包括承保利润率、保费费用率、综合费用率这三项指标。

二、保险公司绩效评价体系构建原则

保险公司绩效评价体系应该以能够反映保险公司各种指标为核心。所以，保险公司绩效评价体系构建时应遵循全面性原则、代表性原则和可行性原则。

（一）全面性原则

保险公司治理目标意味着在公司治理时既要追求利润从而维护股东利益，又要密切关注风险，最大限度地保障广大债权人的利益。所以，本书在进行保险公司绩效指标初始选择的时候，尽量将能够反映绩效的各种指标选择进来，以免遗漏重要绩效指标而影响对保险公司绩效的评价结果，如果仅从某一个角度来选择唯——项指标来代表保险公司的经营业绩，则对保险公司治理目标来讲将是不科学的也是不合理的。所以，本书所选择的保险公司绩效指标不但包括学者们通常关注的盈利能力指标，同时还关注保险公司成长能力指标，不但关注保险公司的经营效率指标，同时也关注了保险公司的经营稳定性指标。这些指标不但要顾及股东的利益，也要照顾其他利益群体尤其是核心利益相关者的利益。

（二）代表性原则

根据全面性原则选择保险公司的经营指标，那么将会有数个甚至数十个指标需要分别进行分析，而各个指标之间不可避免的会存在相关性问题，这样在分析时势必带来操作的困难性，同时最终分析解释变量对绩效的影响也将含糊不清。针对于此，本书考虑是否可以选择适当的方法，在保留尽可能多原有信息的前提下，将这众多绩效指标进行综合，从而形成新的综合变量。同时，为了保证信息损失最少，必须要求新的综合变量要具有较高的代表性，且新的变量之间存在较小的相关性，也不能因为新变量的出现遗漏掉初始的关键变量。

（三）可行性原则

截至 2015 年年底我国 130 多家保险公司中，在海内外上市的保险公司仅有中国人民保险集团股份有限公司、中国人寿保险股份有限公司、中国平安保险（集团）股份有限公司、中国太平洋保险（集团）股份有限公司、新华人寿保险股份有限公司、中国太平保险集团有限责任公司 6 家，同时我国保险公司众多治理数据并不能获得，如高管薪酬等，因此，考虑数据的可获取性是客观科学地进行保险公司绩效评价的关键原则之一。同时，反映保险公司绩效的指标众多，在这些指标之中也应选择关键指标来反映保险公司绩效，而不能不分轻重、同等对待。所以，保险公司绩效评价指标的选择要结合我国保险业目前所处的发展阶段和数据的可获取性。

三、保险公司绩效评价方法

根据保险公司绩效评价指标选择需要依据的全面性原则、代表性原则和可行性原则，本书最终选择了因子分析法（Factor analysis method）。因子分析是Spearman 在 20 世纪之初提出来的，运用这一方法的基本思想是在最大程度的保留原始信息的前提下，将较多初始变量浓缩为少数综合变量。这一分析方法较为适合保险业绩效分析，因为为了全面反映保险公司绩效需要选择众多绩效指标，但是较多的指标势必意味着分析工作的复杂性和因相关性而引起的变量间的相互影响等。而因子分析法刚好能够解决我们所担忧的这一问题，这种方法通过用几个不可观测的随机变量来代替众多初始变量，而且能够保留最重要的初始数据信息，所以因子分析法是一种重要的降维方法，同时，通过因子分析法产生的因子比较容易进行命名和解释。最终，通过少量综合的公因子代替初始变量参与进一步的数据建模，能够大大简化分析的复杂性。

通过因子分析法得到的新的综合指标，将公司经营绩效、偿付能力等指标有机地结合在一起，能够更加客观、全面地反映保险公司的综合绩效。从而对保险公司综合绩效作出科学、合理的评价。

第四节　中国保险公司绩效评价数据、样本及指标选择

一、数据来源和样本处理

在本书分析过程中，我们以财产保险公司和人身保险公司作为研究对象，而剔除了保险集团（控股）公司、政策性保险公司、相互保险公司、再保险公司和资产管理公司等。本书搜集了各家保险公司 2010 年到 2013 年四年的公司治理数

据和经营数据，笔者为了保证数据的连续性和完整性，剔除了数据不完善的保险公司和2010年及以后成立的保险公司，最终选择了91家保险公司作为研究对象，获得了364个样本公司。这些保险公司无论从市场份额、公司规模等各个方面都可以较好地代表我国保险行业。本书所使用的数据来自各保险公司网站中的信息披露数据、中国保险监督管理委员会网站所提供的股权转让、任职批复等行政许可数据、几家上市保险公司的数据通过巨潮资讯网获得，上述数据均是通过手工整理而成。

二、保险公司经营绩效指标选择

鉴于保险公司治理目标的特殊性，本书选择了以下10项指标作为保险公司经营绩效的评价指标，这些指标分别是总资产收益率、净资产收益率、承保利润率、原保费收入增长率、总资产增长率、资产负债率、偿付能力充足率、自留保费增长率、综合费用率和保费费用率指标。每项指标的具体含义均依据保监会2009年发布的中华人民共和国金融行业标准 JR/T0047-2009《保险公司统计分析指标体系规范》[①]，每一项指标计算的具体公式如下。

（一）盈利能力指标

本书选择的此类指标包括：总资产收益率、净资产收益率两项指标。

1. 总资产收益率

总资产收益率 = 报告期净利润 ÷ [（期初总资产 + 期末总资产）÷ 2] × 100%。此项指标是反映保险公司经营收益能力的一项指标。保险公司经营的特殊性决定了，保险公司不仅仅要追求股东利润最大化，更需要高度重视广大债权人的收益，且此项指标较净资产收益率指标而言，人为操作的可能性小，所以此项指标是反映保险公司盈利能力的一项重要指标。

2. 净资产收益率

净资产收益率 = 报告期净利润 ÷ [（期初所有者权益 + 期末所有者权益）÷ 2]

---

① 为了更好地反映保险的成长性，笔者在这里采用了自留保费增长率指标，此指标根据保险公司本年度自留保费与上年度自留保费的差额与上年度自留保费的比值计算而来，而非直接取自《保险公司统计分析指标体系规范》，其他九项指标均选自于这一指标体系规范。

×100%。此项指标反映的是保险公司运作期自有资本即净资产的盈利能力的指标，此项指标在一定程度上反映的是保险公司股东收益的高低，较总资产收益率更能反映股东的利益。

（二）成长能力指标

反映保险公司成长能力的指标主要包括原保费收入增长率、总资产增长率、自留保费增长率三项指标。

1. 原保费收入增长率

原保费收入增长率 =（报告期原保费收入 – 基期原保费收入）÷ 基期原保费收入 ×100%

此项指标反映的是保险公司保费收入增长情况。保险公司盈利原理即为大数法则，只有获取更多的客户，也即保险公司收入更多的保费，其所承担的赔偿或给付风险才能更加稳定。所以，保险公司保费收入增长率是反映其成长能力的一项重要指标。

2. 总资产增长率

总资产增长率 =（期末总资产 – 期初总资产）÷ 期初总资产 ×100%

此项指标是反映保险公司资产增长的重要指标。总资产增长率既反映了保险公司业务的增长情况，同时也反映了保险公司净资产增加的状况。

3. 自留保费增长率

根据《保险公司统计分析指标体系规范》，自留保费 = 原保费收入 + 分保费收入 – 分出保费，保险业务收入 = 原保费收入 + 分保费收入

为了更好地反映保险公司的成长能力，本书采用了自留保费增长率这一指标，这一指标的计算公式如下：

自留保费增长率 =（报告期自留保费 – 基期自留保费）÷ 基期自留保费 ×100%

自留保费增长率大小反映的是保险公司自身承担风险能力的大小，为了控制保险公司业务扩张的风险，保险公司承保能力和自有资本之间存在一定的关系，所以自留保费增长说明保险公司自身保持有较好的财务状况。因为，保险公司自留保费的快速增长需要股东不断地向保险公司注入资本，才能保证其具有良好的偿付能力充足率，否则保险公司新机构的设置、新业务的开展及保险业务增长能

力都可能受到偿付能力不足的限制。所以，这一项指标是反映保险公司，尤其是处于业务规模快速增长的保险公司是一项关键指标。

（三）经营稳定性指标

本书选取的反映保险公司经营稳健性的指标主要有资产负债率、偿付能力充足率和自留保费比率等三项指标。

1. 资产负债率 [①]

资产负债率 = 保险负债 ÷ 负债与所有者权益合计 × 100%

保险公司是典型的金融企业，其显著特点在于高负债经营，这一指标反映了保险公司保险负债的比重，也能够反馈出保险公司本身可能面临的风险大小。

2. 偿付能力充足率

偿付能力充足率 = 实际资本 ÷ 最低资本 × 100%

其中，实际资本 = 认可资产 – 认可负债

偿付能力充足率指标是世界上大多数国家对保险公司监管的核心指标，这一指标能够反映出保险公司经营稳定的大小和其潜在风险的高低，也是对保护广大债权人利益的核心指标。在本书中，笔者并没有根据此公式计算每一家保险公司的偿付能力充足率，而是直接采用了各家保险公司每一年年度信息披露报告中所披露的"偿付能力信息"一栏中的数据。

（四）经营效率指标

本书选取的反映保险公司经营效率的指标主要包括综合费用率、保费费用率和承保利润率这三项指标。

1. 综合费用率

综合费用率 = （业务及管理费 + 手续费及佣金 + 分保费用 + 保险业务营业税及及附加 – 摊回分保费用） ÷ 已赚保费 × 100%

此项指标反应保险公司综合效率的高低，体现了保险公司经营管理过程中成本的大小。

---

① 此指标在《保险公司统计分析指标体系规范》中为保险负债占比，而我们通常习惯使用资产负债率，所以本书用了资产负债率这一名称。

2.保费费用率

保费费用率＝业务及管理费 ÷ 原保费收入 ×100%

此项指标反映的是保险公司在展业的时候所支出费用的高低，是体现保险公司经营效率的一项指标。

3.承保利润率

承保利润率＝承保利润 ÷ 已赚保费 ×100%

其中，承保利润＝已赚保费 – 赔付支出 + 摊回赔付支出 – 提取保险责任准备金 + 摊回保险责任准备金 – 分保费用 + 摊回分保费用 – 手续费及佣金 – 业务及管理费 + 保险业务营业税金及附加。此项指标反映的是保险公司在进行保险业务展业过程中的成本和收益问题，能够较好地显示出保险公司业务经营的成本和收益。上述10项指标汇总见表5–7。

表5–7　中国保险公司经营绩效指标选择

类别指标	变量名称	符号	计算公式
盈利能力指标	总资产收益率	y_1	报告期净利润 ÷ [（期初总资产 + 期末总资产）÷ 2] × 100%
	净资产收益率	y_2	报告期净利润 ÷ [（期初所有者权益 + 期末所有者权益）÷ 2] × 100%
成长能力指标	原保费收入增长率	y_3	（报告期原保费收入 – 基期原保费收入）÷ 基期原保费收入 × 100%
	自留保费增长率	y_4	（报告期自留保费 – 基期自留保费）÷ 基期自留保费 × 100%
	总资产增长率	y_5	（期末总资产 – 期初总资产）÷ 期初总资产 × 100%
经营稳定性指标	资产负债率	y_6	保险负债 ÷ 负债与所有者权益合计 × 100%
	偿付能力充足率	y_7	实际资本 ÷ 最低资本 × 100%
经营效率指标	综合费用率	y_8	业务及管理费 + 手续费及佣金 + 分保费用 + 保险业务营业税及附加 – 摊回分保费用）÷ 已赚保费 × 100%
	保费费用率	y_9	业务及管理费 ÷ 原保费收入 × 100%
	承保利润率	y_{10}	承保利润 ÷ 已赚保费 × 100%

第五节　中国保险公司绩效因子分析过程及结果

一、逆向数据正向化处理

本书在进行所选择的这 10 项指标中，既有保费收入增长率、总资产收益率、净资产收益率、承保利润率、自留保费增长率、总资产增长率和偿付能力充足率等正向指标，也有资产负债率、综合费用率和保费费用率等逆向指标。正向指标意味着数值越大，保险公司的此项绩效指标就越高，而逆向指标则与此相反。为了保证各指标对分析结果影响的一致性，在进行因子分析之前，本书对各项逆向指标取其负值，从而将逆向指标转化为正向指标。所以在本书中将分别取资产负债率、综合费用率和保费费用率的负值参与因子分析。

二、因子分析过程及结果

为了反映本书所选择的 10 项指标间的关系，通过因子分析的方法将 10 项指标进行综合，运用主成分公因子提取法提取公因子，为下一步实证分析做好准备。

（一）因子分析可行性分析

因子分析的主要目的是对众多指标进行综合，最终实现以少数变量替代多个变量的目的。所以，开展因子分析之前先要检验各个变量是否存在强相关性。否则，如果各个变量之间相关性较弱，则不存在因子分析的基础，即无法对各个变量进行降维。

本节借助于 spss19.0 软件完成因子分析工作。表 5-8 显示，本书分析所选择样本的凯泽 - 迈尔 - 奥尔肯（Kaiser-Meyer-Olkin，KMO）统计量检验的值为 0.669，巴格利特球度检验值为 2028.819（a=0.000），通过了显著性检验。

表 5-8　KMO 检验和巴特利特球度检验结果

凯泽 - 迈尔 - 奥尔肯取样适当性度量		0.669
巴格利特球形检验	卡方检验	2028.819
	自由度	45
	差异显著性检验	0.000

根据表 5-10，当提取特征值大于 1 的四个因子时，累积方差贡献率为80.92%，说明了这 4 个因子包含了 80% 以上的信息，能够较好地综合原始变量所包含的信息。上述 KMO 统计量检验和巴格利特球度检验两项指标的检验结果和累积方差贡献率表明，样本数据适合做因子分析。

（一）因子分析输出结果

本书在进行因子分析时，因子抽取方法为主成分法（Principal Components），选择的旋转方法是最大方差旋转法（Varimax），即正交旋转法，将每一个有最大负荷的因子的变量数最小化。因子分析结果输出见表 5-9 至表5-13。

表 5-9　共同度

变量	初始值	抽取值
原保费收入增长率 y_3	1.000	0.894
总资产增长率 y_5	1.000	0.554
总资产收益率 y_1	1.000	0.839
净资产收益率 y_2	1.000	0.863
承保利润率 y_{10}	1.000	0.638
自留保费增长率 y_4	1.000	0.884
偿付能力充足率 y_7	1.000	0.819
资产负债率 y_6	1.000	0.848
综合费用率 y_8	1.000	0.890
保费费用率 y_9	1.000	0.862

变量共同度是衡量因子分析效果的重要指标。表 5-9 显示，10 个变量中 8个变量的共同度在 0.8 以上，另外两个变量的共同度分别大于 0.5 和 0.6，说明原有变量的共同度较高。

表 5–10 总方差分解表

成分	初始特征值			抽取平方和载入			旋转平方和载入		
	合计	方差（%）	累积（%）	合计	方差（%）	累积（%）	合计	方差（%）	累积（%）
1	3.556	35.564	35.564	3.556	35.564	35.564	2.358	23.580	23.580
2	1.753	17.529	53.093	1.753	17.529	53.093	2.239	22.392	45.972
3	1.636	16.358	69.452	1.636	16.358	69.452	1.779	17.789	63.761
4	1.147	11.465	80.917	1.147	11.465	80.917	1.716	17.156	80.917
5	0.631	6.310	87.226						
6	0.482	4.817	92.044						
7	0.313	3.126	95.169						
8	0.263	2.626	97.795						
9	0.122	1.221	99.016						
10	0.098	0.984	100.000						

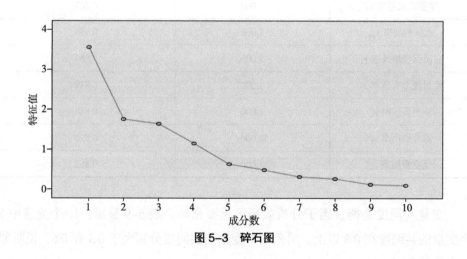

图 5–3 碎石图

表5-11　初始因子负荷矩阵

成分矩阵

变量	成分			
	1	2	3	4
原保费收入增长率 y_3	−0.760	−0.012	0.337	0.450
总资产增长率 y_5	−0.600	−0.267	0.311	0.162
总资产收益率 y_1	0.366	0.298	0.739	−0.266
净资产收益率 y_2	0.218	0.520	0.707	−0.214
承保利润率 y_{10}	0.649	0.016	−0.099	0.455
自留保费增长率 y_4	−0.725	0.055	0.365	0.470
偿付能力充足率 y_7	−0.266	0.781	−0.350	0.124
资产负债率 y_6	−0.196	0.841	−0.293	0.124
综合费用率 y_8	0.827	−0.008	0.137	0.432
保费费用率 y_9	0.834	0.021	0.099	0.394

表5-12　旋转后的因子负荷矩阵

旋转成分矩阵

变量	成分			
	1	2	3	4
原保费收入增长率 y_3	−0.205	0.918	0.088	−0.047
总资产增长率 y_5	−0.302	0.644	−0.212	−0.055
总资产收益率 y_1	0.118	−0.082	−0.118	0.897
净资产收益率 y_2	0.053	0.014	0.129	0.919
承保利润率 y_{10}	0.775	−0.182	0.013	−0.063
自留保费增长率 y_4	−0.163	0.916	0.135	0.007
偿付能力充足率 y_7	−0.100	0.033	0.898	−0.040
资产负债率 y_6	−0.046	0.009	0.918	0.049
综合费用率 y_8	0.897	−0.201	−0.132	0.166
保费费用率 y_9	0.874	−0.249	−0.100	0.162

表 5–13　因子值相关矩阵

因子得分系数矩阵

变量	成分			
	1	2	3	4
原保费收入增长率 y_3	0.135	0.472	0.029	−0.007
总资产增长率 y_5	−0.014	0.292	−0.149	0.004
总资产收益率 y_1	−0.063	−0.015	−0.073	0.536
净资产收益率 y_2	−0.058	0.022	0.063	0.553
承保利润率 y_{10}	0.406	0.099	0.068	−0.125
自留保费增长率 y_4	0.156	0.482	0.058	0.021
偿付能力充足率 y_7	0.023	−0.014	0.510	−0.028
资产负债率 y_6	0.040	−0.014	0.524	0.020
综合费用率 y_8	0.434	0.121	−0.010	0.004
保费费用率 y_9	0.411	0.088	0.008	0.003

（三）因子命名

通常，大家选择特征值大于 1 的因子作为公因子，所以本书选择四个公因子，并分别命名为 Y_1、Y_2、Y_3 和 Y_4。旋转后的负荷矩阵中的数值表示每一个变量与某个公因子之间的相关系数。根据表 5–12 显示，Y_1 与综合费用率、保费费用率和承保利润率密切相关，而这三项指标反映的是保险公司的经营效率。因此，本书将公因子 Y_1 命名为经营效率因子。公因子 Y_2 与原保费收入增长率、自留保费增长率和总资产增长率等指标高度相关，这三项指标反映的是保险公司的成长能力能力，所以本书将 Y_2 命名为成长能力因子。公因子 Y_3 与资产负债率和偿付能力充足率这两项指标存在相关关系，此两项指标反映了保险公司的稳健经营能力，所以本书将公因子 Y_3 命名为稳健性因子。公因子 Y_4 与净资产收益率和总资产收益率存在较强的相关关系，而这两项指标反映的是保险公司的盈利能力，故本书将公因子 Y_4 命名为盈利能力因子。

根据表 5–13 因子值相关矩阵显示的结果，可以写出四个公因子得分表达式：

$$Y_1=-0.063y_1-0.058y_2+0.135y_3+0.156y_4-0.014y_5+0.040y_6+0.023y_7+0.434y_8$$
$$+0.411y_9-0.406y_{10}$$

$$Y_2=-0.015y_1+0.022y_2+0.472y_3+0.482y_4+0.292y_5-0.014y_6-0.014y_7+0.121y_8$$
$$+0.088y_9+0.099y_{10}$$

$$Y_3=-0.073y_1+0.063y_2+0.029y_3+0.058y_4-0.149y_5+0.524y_6+0.510y_7-0.010y_8$$
$$+0.008y_9+0.068y_{10}$$

$$Y_4=0.536y_1+0.553y_2-0.007y_3+0.021y_4-0.004y_5+0.020y_6-0.028y_7+0.004y_8$$
$$+0.003y_9-0.125y_{10}$$

根据上述公式，可以计算出每一家保险公司每一年每个因子的得分以供下一章实证研究使用。

第六节 本章小结

国内保险业保险公司治理结构建设日益受到重视，但也存在众多的问题。通过对保险公司董事会治理现状分析我们更好地了解了问题所在。之后，本章对我国保险业综合经营绩效展开了评价。本书考虑到保险公司治理目标的特殊性，采用了因子分析法综合了保险公司绩效指标。根据因子分析结果，提取了四个公因子，并分别命名为经营效率因子、稳健性因子、盈利能力因子和成长能力因子。计算出了因子得分，为第六章实证分析做好数据基础。

保险公司治理的目的是保证公司决策的科学性，提升公司效率、增加公司价值。为了更好地促进我国保险业的发展，提升保险行业竞争力，我们需要深入分析保险公司治理与保险公司绩效之间的关系，下一章，将检验董事会特征与各项因子得分的关系。

第六章 中国保险公司董事会特征与公司绩效关系实证研究

董事会是公司治理的核心，是公司治理的关键所在，是理论界和实务界关注的焦点。众多理论研究及实证研究成果均表明，董事会对公司绩效具有显著影响。首先，本章将基础于以往研究成果，结合保险公司治理特殊性，就董事会每一特征与公司绩效的关系分别提出研究假设；其次，设计了董事会特征与公司绩效的实证模型，本书首先采用了普通最小二乘回归，同时，考虑到董事会规模的内生性问题，又运用了二阶段最小二乘法来克服内生性的影响；接下来，借助因子分析所得结果，从保险公司经营效率、成长能力、稳健性和盈利能力等四个方面分别展开了董事会特征与公司绩效关系的实证研究；最后，对实证结果展开分析。

第一节　研究假设

董事会是公司治理的核心，伟大的董事会意味着伟大的公司。董事会从产生那一刻开始就承担起公司治理的重大责任，它通过"一个会议体、一个团队"的形式来行使权利，这个团队中必须要遵守两个绝对平等："股东面前人人平等"和"法律面前人人平等"，这个团体不但受托于股东对公司履行管理职责，而且也要对其他利益相关者承担责任（仲继银，2009）[41-47]。董事会承担着战略规划、监督和咨询等重要角色。此外，保险公司董事会还承担着风险识别和内部控制、合规经营等核心职能，如何更好地构建董事会，从而更好地发挥其应有的职能是理论界和实务界多年来一直不断研究的课题。毫无疑问，保险公司董事会对于保险公司的科学决策、稳健发展和长期价值的提升具有至关重要的作用，即保险公司董事会治理将对公司绩效产生决定性的影响。本书分别从董事会规模、执行董事比例、独立性、领导权结构、教育背景及专业背景等角度检验我国保险公司董事会特征与公司绩效的关系。以期通过深入研究，发现二者之间存在的一些关系，从而为我国保险公司治理改革提供理论和实践支持，更好地促进我国保险业的科学发展。

一、保险公司董事会规模与公司绩效关系假设

不同的理论对董事会规模与绩效的关系存在不同的看法。委托代理理论认为，随着董事会规模的扩大，董事间的组织协调成本将会增加，同时，相互之间可能会出现相互依赖对方的心理和行为，而且也可能出现不同的利益阵营，更进一步地加大组织成本、降低董事会治理效率，而且，大规模的董事会也容易被公司的首席执行官所"俘虏"，从而将可能阻碍公司绩效的提升。西方发达国家众多公司在治理实践过程中不断探索，并逐步减小了董事会规模的事实显示了对这一观点的认同与支持。但资源依赖说与委托代理理论观点不同，认为随着董事会规模的扩大，公司能够获得越来越多的外部资源，这些资源有助于公司绩效的提升。

针对保险业，笔者认为，因为保险业资产负债率高、债权人分散等众多特殊性，决定了保险公司内各种利益冲突尤其是第三类代理问题较一般公司更为严重，而广大债权人作为最主要的风险承担者不能、不愿也不会对公司的经营者进行监督，而保险监管部门作为广大债权人和国家的代表只是对保险公司的市场行为、偿付能力和公司治理进行外在的规范与监督，而并未能真正加入到董事会当中直接履行其代表职能。因此，保险公司董事会不再仅仅是股东的受托人，更要承担起对广大债权人和监管人的受托责任，董事会不但要进行科学决策追求利润的增长，更要进行风险控制和合规控制，保证公司长期价值不断提升。基于此，董事会在保险公司治理中的功能尤为凸显。而且，保险公司较一般公司来讲，经营险种多样，产品无形，利益冲突严重，不但面临多种多样的风险而且风险的种类和程度都在不断地发生变化以及经营地域广泛等特点，决定了保险公司董事会规模较一般公司偏大。保险公司经营的客观实际，需要保险公司拥有较大的董事会规模，但是正如委托代理理论所指出的那样，过大的董事会规模势必带来沟通协调成本的增加。Lai 和 Lee（2011）研究发现，随着董事会规模的增大，承保风险、杠杆风险、投资风险及总风险都会随之上升。

中国保险业股东国有背景的普遍存在，意味着大规模的董事会将带来更严重

的人浮于事和官僚主义，从而损害了公司经营效率。2002年新《保险法》的出台，保险公司治理开始逐步向市场化方向转型①。

我国学者对保险公司董事会与公司绩效的关系研究中，谢晓霞、李进（2009）、陈彬、邓霆（2013）保险公司董事会规模与公司绩效呈负相关关系，李维安等（2012）也发现董事会规模与消费者的保护程度（以偿付能力溢额表示）呈显著的负相关关系。而夏喆、靳龙（2013）并没有发现二者之间存在相关关系，即使是分寿险公司和财险公司分别检验也是得出同样的结果。基于上述论述，我们提出假设：

1a：保险公司董事会规模与经营效率之间呈负相关关系；

1b：保险公司董事会规模与成长能力之间呈负相关关系；

1c：保险公司董事会规模与稳健性之间呈负相关关系；

1d：保险公司董事会规模与盈利能力之间呈负相关关系。

二、保险公司执行董事比例与公司绩效关系假设

根据董事成员的来源及是否在公司内部担任管理岗位，董事可以分为内部、外部董事和执行、非执行董事。较多学者认为因为内部董事具体负责公司的经营运作，所以其具有外部董事所不具有的专业优势和信息优势，所以认为内部董事对董事会的影响力也比外部董事强，应该在董事会中保持有一定数量的内部董事（Baysinger，Hoskisson，1990；Bhagat，Black，1999）。但是，自英国20世纪80年代及90年代初众多公司治理丑闻爆发以来，英国就对公司治理问题展开了深入研究，发现涉丑闻公司一个共同特征就是：存在一个强有力的主导型首席执行官和一个受其支配的较弱的董事会《金融时报》1988年公布的500强的公司中只有21家公司的董事会是由较多的非执行董事组成的（格尔根，2014）。在1992年公布的《凯德伯瑞报告》中就明确建议公司应该将董事会主席和首席执行官分设、应该由非执行董事占多数，同时应该设置薪酬委员会和审计委员会，美国在经历众多大公司治理丑闻后出台的《萨班斯奥克斯利法案》也提出相似要

---

① 国家对保险业的行政控制从我国的1995年的《保险法》可见一斑，1995年保险法第106条明确规定："商业保险的主要险种的基本保险条款和保险费率，由金融监管管理部门制定"。这一规定直到2002年《保险法》才更改为审批制。

求。执行董事比例的增加意味着内部人控制的可能性增大，也意味着作为董事会成员的高级管理者要自己监督自己，这种模式无疑会带来监管的弱化和侵权可能性的增加，尤其是在保险业中，因为保险公司特殊性所在，要求董事会必须承担起其应有的战略规划、风险监督和监督监管等职能，从而才能更好地保护广大债权人的利益。从这些事实出发，我们假设：

2a：保险公司执行董事比例与经营效率呈负相关关系；

2b：保险公司执行董事比例与成长能力呈负相关关系；

2c：保险公司执行董事比例与稳健性呈负相关关系；

2d：保险公司执行董事比例与盈利能力呈负相关关系。

三、保险公司董事会独立性与公司绩效关系假设

独立董事占比大小决定着董事会独立性的高低。理论上，在声誉机制的作用下，真正独立、客观的独立董事能够更好地发挥对管理者的监督与制衡职能，更好地保护股东的利益不受管理者侵蚀，也能更好地阻止大股东对中小股东利益的侵犯，还能对核心利益相关者的利益进行维护，所以，独立董事占比越高，意味着董事会决策的独立性、专业性和科学性越强。国内外众多学者经过实证研究也检验并确认了二者之间所存在的正相关关系。如 Dahya 和 McConnell（2007）追踪分析了英国 1989 年到 1996 年至少有 3 名独立董事的上市公司的业绩，发现增加了外部董事的公司总资产收益率得到了显著的提升，公司的股票价格也得到了显著地增加。但我国学者关于保险公司董事会独立性所开展研究的大多数结果却显示其和公司绩效之间并不存在显著关系。如谢晓霞和李进（2009）、陈彬和邓霆（2013）、夏喆和靳龙（2013）等，但是夏喆、靳龙研究发现独立董事比例与所有样本公司、财险公司和寿险公司的偿付能力充足率呈显著的正相关关系；李维安等（2012）在检验保险公司独立董事比例与消费者利益保护之间的关系时也没发现显著性结果。

独立董事任职期限比是体现董事会独立性的另一指标。独立董事刚加入保险公司的时候，因为其先前并不具备所任职公司充分的经营管理等信息，所以其战略规划、监督等职能发挥可能会在一定程度上受到限制，但是随着任职时间的延长，其职能发挥将会更加的充分。尤其是独立董事任职如果早于首席执行官，则

其监督职能更加明显，如叶康涛等（2011）就认为如此一来独立董事公开质疑管理层决策的可能性就越高。但是宋增基等（2007）通过对我国2002—2005年上市股份制商业银行的实证分析并没有发现独立董事任职期限与公司绩效呈正相关关系，反而呈现出了负相关关系。为了保证独立董事不因过长时间任职失去其独立性而被"俘虏"，保监会2007年颁布的《保险公司独立董事管理暂行办法》明确规定保险公司独立董事可以连选连任，但是连续任期不得超过6年。基于上述分析，提出如下假设：

关于独立董事与绩效：

3.1a：保险公司独立董事比例与经营效率呈正相关关系；

3.1b：保险公司独立董事比例与成长能力呈正相关关系；

3.1c：保险公司独立董事比例与稳健性呈正相关关系；

3.1d：保险公司独立董事比例与盈利能力呈正相关关系。

关于独立董事任职期限与绩效：

3.2a：保险公司独立董事任职期限比例与经营效率呈正相关关系；

3.2b：保险公司独立董事任职期限比例与成长能力呈正相关关系；

3.2c：保险公司独立董事任职期限比例与稳健性呈正相关关系；

3.2d：保险公司独立董事任职期限比例与盈利能力呈正相关关系。

四、保险公司董事会领导权结构与公司绩效关系假设

现代管家理论和委托代理理论在董事会领导权结构上的观点存在明显的对立。现代管家理论认为应该采取董事会主席与首席执行官两职合一的一元领导权结构，因为只有这样经理人才能更好地施展其管家才能。而委托代理理论则认为，二者之间是决策制定与决策执行、监督与被监督的关系，如果采用一元领导权结构则董事会就失去了其最核心的监督职能，也即董事会将会被一个强势的首席执行官所"俘虏"，而两职分离则能够在董事会和经理层之间建立一个制衡机制，从而各自职能发挥都能更加充分。较多的文献结果表明，两职合一的公司将会增大股东的成本，并使得内部代理冲突更加严重。在学者们众多的实证分析中，并没有明确地论证了哪种理论占据主导地位，研究结果显示两职分离与公司绩效之间存在正相关、负相关和不相关等多种关系。具体针对保险业分析，Lai和Lee

（2011）发现，两职合一将导致保险公司的总风险增高；而陈彬、邓霆（2013）发现二职合一与 ROA 呈显著的正相关关系。笔者认为保险公司的治理目标中对广大债权人等利益相关者利益的高度重视和众多保险公司国有股权的背景客观决定了保险公司领导权安排中需要有较好的制衡机制。基于上述分析，本书给出如下假设：

4a：保险公司的两职分离与经营效率之间呈正相关关系；

4b：保险公司的两职分离与成长能力之间呈正相关关系；

4c：保险公司的两职分离与稳健性之间呈正相关关系；

4d：保险公司的两职分离与盈利能力之间呈正相关关系。

五、保险公司董事会素质与公司绩效关系假设

董事会素质包括性别、专业背景、教育背景、年龄等众多方面，鉴于部分保险公司并未公布董事会成员的年龄，所以本书将从董事会成员的性别、教育背景和专业背景等三个方面来检验我国保险公司董事会素质特征与公司绩效的关系。

董事会性别多元化有助于董事会职能的发挥。董事会性别多元化问题近年引起了我国学者们的重视，大部分研究结果发现董事会多元化有利于公司绩效的提升是因为女性董事更愿意说"不"，更愿意表达自己的意见，比如张琨和杨丹（2013）、陈彬和邓霆（2013）、张娜（2013）、郑立东等（2013）实证分析表明，女性董事比例与公司绩效之间呈显著的正相关，但是龚辉峰（2011）并没有发现上述结论，而刘丽（2012）也指出在钢铁行业中男性董事比例与公司绩效呈显著的正相关关系。龚辉峰（2011）研究发现具有博士学位的董事会人数比例与公司绩效呈正相关关系，但魏刚（2007）并没有发现学历对绩效的显著影响。同时我国学者还就董事会专业背景与公司绩效等关系展开了实证分析，如李燕媛和刘晴晴（2012）、叶康涛等（2011）、郑立东等（2013）等。保险业董事会一个重要的特征是专业性。保监会 2008 年颁布的《保险公司董事会运作指引》中规定，董事会成员中应该有财务和法律人士，并鼓励精算人员担任董事。一般认为，专业人士增多将增加保险公司的效率和经营稳定性，促进保险公司的成长和盈利能力。这里我们将考察金融背景董事会成员比例、精算背景董事会成员比例、硕士以上学历背景董事会成员比例与公司绩效的关系。基于上述研究成果并结合

保险业的实际状况，提出如下假设：

董事会多元化与公司绩效的关系假设：

5.1a：保险公司女性董事比例与经营效率呈正相关关系；

5.1b：保险公司女性董事比例与成长能力呈正相关关系；

5.1c：保险公司女性董事比例与稳健性呈正相关关系；

5.1d：保险公司女性董事比例与盈利能力呈正相关关系。

金融背景董事比例与公司绩效的关系假设：

5.2a：保险公司金融背景董事比例与经营效率呈正相关关系；

5.2b：保险公司金融背景董事比例与成长能力呈正相关关系；

5.2c：保险公司金融背景董事比例与稳健性呈正相关关系；

5.2d：保险公司金融背景董事比例与盈利能力呈正相关关系。

精算背景董事与公司绩效的关系假设：

5.3a：保险公司精算背景董事比例与经营效率呈负相关关系；

5.3b：保险公司精算背景董事比例与成长能力呈正相关关系；

5.3c：保险公司精算背景董事比例与稳健性呈正相关关系；

5.3d：保险公司精算背景董事比例与盈利能力呈负相关关系。

硕士及以上教育背景董事与公司绩效的关系假设：

5.4a：保险公司教育背景董事比例与经营效率呈正相关关系；

5.4b：保险公司教育背景董事比例与成长能力呈正相关关系；

5.4c：保险公司教育背景董事比例与稳健性呈正相关关系；

5.4d：保险公司教育背景董事比例与盈利能力呈正相关关系。

第二节 研究设计

一、样本来源

本章选择 2010—2013 年的财产保险和人身保险公司作为研究样本，考虑到新的保险公司成立之初业绩处于不稳定状态，需要经过几年的过渡期才能步入稳定经营的状态，以及考虑到数据的连续性，本章选择的保险公司是 2010 年之前成立的，且剔除了阳光农业相互保险公司、中国出口信用保险公司、各保险资产管理公司等。同时，因为外资独资保险公司股权结构和董事会治理等和中资及合资公司存在较大差别，所以本书在研究时将外资独资保险公司排除在外。为了保证回归分析时数据的连续性，研究时剔除了董事会及股权结构数据不完整的保险公司，经过数据筛选后，每年留存了71个样本，4年共计284个样本观测值，从而形成一个从2010—2013年时长4年、每年71家样本公司的平衡面板数据。本章所使用的数据来自各保险公司网站中的信息披露数据、中国保险行业协会网站所提供的各保险公司信息披露数据、中国保险监督管理委员会网站所提供的行政许可数据、上市保险公司的数据通过巨潮资讯网获得，所有数据均是通过手工整理而成。

二、研究变量的选择

（一）被解释变量

在第五章中我们借助于因子分析法，将反映保险公司经营绩效的10项指标转换为4项综合指标，本章将以经营效率指标（Y_1）、成长性指标（Y_2）、稳健性指标（Y_3）和盈利能力指标（Y_4）这4项指标为被解释变量，来反映保险公司董事会治理的效果。

（二）解释变量

董事会规模（Bsize）。董事会规模是公司治理的关键因素，将对公司绩效产生影响，本书用董事会规模人数来表示董事会规模。

执行董事比例（Manger）。本书用执行董事占董事会人数的比例来表示执行董事的比例。

董事会独立性。本书以独立董事人数占全部董事人数比例（Dper）与独立董事任职期限与总经理任职期限的比值（Inbt）作为衡量董事会独立性高低的指标。

董事会领导权结构（Duality）。本书采用虚拟变量来表示董事会领导权结构，Duality=1表示董事长与总经理二职合一，Duality=0表示董事长与总经理二职分离。

董事会素质。本书以女性董事在董事会中的比例（Diver）、金融背景董事比例（Finance）、精算专业董事比例（Actuary）以及硕士和博士数量占董事全体成员的比例（Education）等变量作为表示董事成员素质的变量。

董事会特征变量的具体含义见表6-1。

表6-1　董事会特征变量说明

变量名称	变量代码	变量含义及取值
董事会规模	Bsize	董事会总人数
执行董事比例	Manager	执行董事人数占董事会总人数的比例
女性董事比例	Diver	女性董事人数占董事会总人数的比例
独立董事比例	Dper	独立董事人数占董事会总人数的比例
独立董事任职期限比例	Inbt	独立董事平均任职期限与总经理任职期限比值
董事会领导权结构	Duality	1为董事长与总经理两职合一，0为两职分离
金融董事比例	Finance	金融专业背景董事人数占董事会总人数比例
精算董事比例	Actuary	精算专业背景董事人数占董事会总人数比例
董事教育程度	Education	硕士及以上教育背景董事人数占董事会总人数比例

（三）控制变量

为了真实地反映各解释变量对被解释变量的影响，本书选取第一大股东持股比例（Share1）、企业规模（Assets）、保险公司存续时间（Time）、保险公司险种（Pkind/Lkind）等为控制变量，各控制变量定义见表6-2。

表6-2　控制变量情况说明

变量名称	变量代码	变量含义及取值
第一大股东持股比例	Share1	公司第一大股东持股占总股份的比例
企业规模	Lnassets	保险公司总资产自然对数
保险公司存续时间	Lntime	保险公司存续时间自然对数
险种类型	Pkind/Lkind	当为财险公司时，Pkind取1，否则取0；当为寿险公司时，Lkind取1，否则取0

第一大股东持股比例（Share1）。股权集中是我国保险公司的一大典型特征。中资保险公司，第一大股东持股比例是保险公司股权集中度的衡量变量。第一大

股东能够对保险公司绩效、董事会行为和构成等具有重要影响。

保险公司盈利基础于大数法则，所以，在我国保险公司追求的一个根本目标即公司规模（Assets）的不断增大。同时，新设立的保险公司都要经历 3 年到 5 年的过渡期，才能逐步进入稳步经营状态，所以，公司存续时间（Time）也是一个重要的绩效影响因素。同时，寿险和财险公司也可能存在一定的差别。

三、实证模型与方法

本书在检验董事会特征与绩效关系时，分别采取普通最小二乘（OLS）和考虑董事会规模内生性时的二阶段最小二乘（2SLS）两种方法。在 OLS 检验时，先将所有样本公司作为一个整体进行检验，之后分财险和寿险公司检验董事会特征和绩效的关系。之后，本书考虑了董事会规模的内生性，并通过 2SLS 法检验和克服这一问题。

（一）董事会特征与公司绩效关系的最小二乘（OLS）检验

依据上述分析，中国保险公司董事会特征与公司绩效关系回归模型设计如下：

$$Y_{it}=a_0+a_1\mathrm{Bsize}_{it}+a_2\mathrm{Manager}_{it}+a_3\mathrm{Diver}_{it}+a_4\mathrm{Dper}_{it}+a_5\mathrm{Duality}_{it}+a_6\mathrm{Inbt}_{it}$$
$$+a_7\mathrm{Finance}_{it}+a_8\mathrm{Actuary}_{it}+a_9\mathrm{Education}_{it}+a_{10}\ln\mathrm{Assets}_{it}+a_{11}\ln\mathrm{Time}_{it}$$
$$+a_{12}\mathrm{Share1}_{it}+\varepsilon_{it} \qquad\qquad （模型1）$$

分寿险和产险公司回归模型设计如下：

$$Y_{it}=（a_0+a_1\mathrm{Bsize}_{it}+a_2\mathrm{Manager}_{it}+a_3\mathrm{Diver}_{it}+a_4\mathrm{Dper}_{it}+a_5\mathrm{Duality}_{it}+a_6\mathrm{Inbt}_{it}$$
$$+a_7\mathrm{Finance}_{it}+a_8\mathrm{Actuary}_{it}+a_9\mathrm{Education}_{it}+a_{10}\ln\mathrm{Assets}_{it}+a_{11}\ln\mathrm{Time}_{it}$$
$$+a_{12}\mathrm{Share1}_{it}）\times（\mathrm{Pkind}+\mathrm{Lkind}）+\varepsilon_{it} \qquad （模型2）$$

上述模型 1、模型 2 中，下标 it 是指第 i 家保险公司第 t 年的指标。Y 是指保险公司经营绩效，分别用 Y_1（经营效率）、Y_2（成长能力）、Y_3（稳健性）和 Y_4（收益能力）来表示，Bsize 是指董事会规模，Manager 是指执行董事比例，Diver 是指女性董事比例，Dper 是指独立董事比例，Duality 是指领导权结构，Inbt 是指独立董事任取期限比例，Finance 是指金融董事比例，a 为各变量的回归参数（包含常数项），ε 代表回归残差。

（二）董事会特征与公司绩效关系的二阶段最小二乘（2SLS）检验

董事会规模内生性是学者们在研究时所关注的重点之一。理论上，如果董事会规模是外生变量则意味着最终各保险公司将会有同样规模的董事会。而现实中董事会规模大小不一，意味着其可能并非是一个外生变量，而是一个内生变量。就保险公司董事会规模而言，其大小可能会受到公司资产规模、省级分公司数量、公司存续时间、董事会领导权结构、第一大股东持股及其他变量的影响。董事会规模如果存在内生性，则采用 OLS 的估计结果将会受到一定影响，所以本书在考虑董事会规模内生性情况下，采取 2SLS 法来克服董事会规模内生性的影响，检验保险公司董事会特征对公司绩效的影响：

$$Y_{it}=a_0+a_1\text{Bsize}_{it}+a_2\text{Manager}_{it}+a_3\text{Diver}_{it}+a_4\text{Dper}_{it}+a_5\text{Duality}_{it}+a_6\text{Inbt}_{it}+a_7\text{Finance}_{it}$$

$$+a_8\text{Actuary}_{it}+a_9\text{Education}_{it}+a_{10}\text{lnAssets}_{it}+a_{11}\text{lnTime}_{it}+a_{12}\text{Share1}_{it}+\varepsilon_{it} \quad （模型3）$$

本书在实证分析时主要借助的软件为 spss19.0 和 Eviews7.2。

第三节　中国保险公司董事会特征变量描述性统计

一、中国保险公司董事会特征变量描述性统计

表 6-3、表 6-4 和表 6-5 分别描述了样本公司绩效及董事会特征年度和总体的描述性统计结果。

表 6-3　样本公司绩效变量年度变化描述性统计

特征变量		2010 年	2011 年	2012 年	2013 年
Y_1 （经营效率）	平均值	0.18	−0.002	0.19	0.14
	最大值	2.13	0.84	1.22	1.41
	最小值	−2.81	−4.55	−1.35	−0.76
	标准差	0.73	0.79	0.37	0.31

特征变量		2010 年	2011 年	2012 年	2013 年
Y_2 （成长能力）	平均值	0.46	−0.14	−0.0004	−0.24
	最大值	7.35	2.67	3.51	0.7
	最小值	−1.21	−1.28	−0.83	−1.62
	标准差	1.49	0.49	0.73	0.33
Y_3 （稳健性）	平均值	0.041	−0.19	−0.22	−0.32
	最大值	4.65	2.32	1.15	0.89
	最小值	−1.06	−1.47	−1.22	−1.95
	标准差	1.14	0.79	0.54	0.49
Y_4 （盈利能力）	平均值	0.18	−0.05	0.01	−0.03
	最大值	1.45	2.56	1.01	0.89
	最小值	−1.83	−2.81	−5.73	−6.99
	标准差	0.68	0.99	1.01	1.2

表 6-3 描述了各样本保险公司 2010 年到 2013 年四项绩效指标因子得分的变化情况。从表 6-3 中我们可以看到，经营效率指标因子得分在 2010 年、2012 年和 2013 年为正，但是 2011 年却为负，每年的最大值和最小值之间均存在较大的差异，各年之间也存在一定的波动。成长能力因子得分在 2010 年的平均值为正的 0.46，而之后三年的平均值均为负，且年度之间存在一定的波动，说明随着保险公司总资产的基数增大，成长性将会逐步减弱，同时保险产品逐步向保障型转移无疑会影响以保费增长为重要组成部分的成长能力指标。稳健性指标四年中均呈下降趋势，且无论是平均值得分、最大值得分还是最小值得分，每一年度都在降低，说明随着我国保险市场规模的扩大，保险公司负债规模日益增大，不但进一步增大了保险公司的资产负债率，而且也需要各家保险公司需要不断地注入资本金来提升经营的稳健性。对盈利能力指标的年度分析发现，盈利能力指标在这四年之间呈现较为明显的波动。

表 6-4 显示，保险公司董事会平均规模在逐步增加，从 2010 年的 10.09 人增加到 2013 年的 10.87 人，同时样本公司董事会最小规模从 3 人增大到了 4 人。执行董事比例一直在 17% 左右波动，表现比较平稳，但是最高执行董事比例从 2010 年的 50% 降低到了 2013 年的 45%，说明保险公司已经认识到了执行董事比例过高所带来的弊端并进行了相应的调整。统计结果显示，独立董事比例在逐年提升，从 2010 年的 16% 增加到了 2013 年的 19.5%，提升的原因可能有两种，一是因为独立董事的职能越来越得到了保险公司的认可，二是一些保险公司仅仅是为了满足合规性要求而被迫增加独立董事的比例。分析董事会多元化发现，女性董事比例也呈现出逐年上升局面，从 10.6% 逐年增加到了 13.2%。而采取一元领导权结构的保险公司比重呈现出先增后降的局面，在前三年逐年上升，从 2010 年的 23.9% 增加到了 2012 年的 33.8%，却在 2013 年又大幅度降低到了 26.7%。关于独立董事任职期限比的统计结果表明，独立董事任职期限短于总经理任职期限。为了更好地发挥专业化决策的职能，董事会成员中硕士及以上教育背景的比重也在逐年递增，但具有金融、精算背景的董事比例却在逐年下降。

表 6-4　样本公司董事会特征年度变化描述性统计表

特征变量		2010 年	2011 年	2012 年	2013 年
董事会规模	平均值	10.09	10.478	10.52	10.87
	最大值	19	18	17	19
	最小值	3	3	4	4
	标准差	3.85	3.8	3.47	3.72
执行董事比例	平均值	0.179	0.17	0.167	0.173
	最大值	0.5	0.5	0.44	0.45
	最小值	0	0	0	0
	标准差	0.12	0.114	0.11	0.12
独立董事比例	平均值	0.16	0.181	0.185	0.195
	最大值	0.43	0.43	0.44	0.43
	最小值	0	0	0	0
	标准差	0.147	0.142	0.148	0.14

续表

特征变量		2010 年	2011 年	2012 年	2013 年
女性董事比例	平均值	0.106	0.117	0.125	0.132
	最大值	0.4	0.375	0.6	0.5
	最小值	0	0	0	0
	标准差	0.106	0.09	0.11	0.11
一元结构	平均值	0.239	0.282	0.338	0.267
	最大值	1	1	1	1
	最小值	0	0	0	0
	标准差	0.43	0.453	0.476	0.45
独立董事任职期限比例	平均值	0.64	0.809	1	0.947
	最大值	5	8	9	5.67
	最小值	0	0	0	0
	标准差	0.88	1.178	1.49	1.27
金融董事比例	平均值	0.457	0.449	0.422	0.402
	最大值	1	1	1	1
	最小值	0	0	0	0
	标准差	0.28	0.275	0.268	0.238
精算董事比例	平均值	0.039	0.039	0.032	0.029
	最大值	0.4	0.33	0.3	0.36
	最小值	0	0	0	0
	标准差	0.07	0.07	0.06	0.06
教育背景比例	平均值	0.48	0.487	0.52	0.53
	最大值	1	1	0.93	0.93
	最小值	0	0	0	0
	标准差	0.24	0.23	0.216	0.21

表 6-5　董事会特征变量与绩效变量总体样本描述性统计

变量	最小值	最大值	平均值	标准差
Y_1	−4.55	2.13	0.13	0.59

变量	最小值	最大值	平均值	标准差
Y_2	−1.62	7.35	0.017	0.92
Y_3	−1.95	4.65	−0.17	0.79
Y_4	−6.99	2.56	0.03	0.99
董事会规模	3	19	10.49	3.71
执行董事比例	0	0.5	0.17	0.12
女性董事比例	0	0.6	0.12	0.11
独立董事比例	0	0.44	0.18	0.14
领导权结构	0	1	0.28	0.45
独立董事任职期限比例	0	9	0.85	1.23
金融董事比例	0	1	0.43	0.26
精算董事比例	0	0.4	0.04	0.07
董事教育程度	0	1	0.51	0.23

二、保险公司董事会特征变量相关性分析

表6-6为我们显示了保险公司董事会特征变量之间的相关关系。本书是将所有的数据视为混合截面数据并进行相关性分析，我们发现保险公司董事会特征各变量之间相关系数均不高，不存在严重的变量共线性问题。根据相关性结果显示，Spearman 和 Pearson 两种方法所提供的结果存在一定的差异，但差异并不明显。根据 Spearman 相关性分析结果显示，董事会规模与保险公司经营效率、盈利能力显著正相关，与保险公司稳健性显著负相关，但是与保险公司成长能力不相关，而 Pearson 相关性结果显示董事会规模仅与盈利能力正相关，而与别的绩效指标不相关。执行董事比例与经营效率显著负相关，独立董事比例与经营效率、盈利能力显著正相关，而却与稳健性负相关。董事会精算背景董事比例和教育背景与保险公司稳健性显著负相关，但却与盈利能力显著正相关。除此之外，相关性结果并未显示出其他变量与保险公司绩效之间的相关关系。

表6-6　董事会特征变量相关关系分析

变量	Y_1	Y_2	Y_3	Y_4	董事会规模	执行董事比例	女性董事比例	独立董事比例	领导权结构	独立董事任职期限比例	金融董事比例	精算董事比例	董事教育程度
Y_1	1	0.56	-0.19	0.04	0.19	-0.05	-0.01	0.23	0.04	0.10	0	0.08	0.1
		0	0	0.44	0	0.39	0.80	0	0.42	0.08	0.91	0.14	0.09
Y_2	0.56	1	0.03	0.01	-0.01	-0.06	0.05	0.07	-0.04	0.05	0.09	0.06	0
	0		0.52	0.88	0.82	0.24	0.39	0.18	0.40	0.32	0.10	0.31	0.96
Y_3	-0.15	0.26	1	0.11	-0.13	-0.02	0.04	-0.12	0.01	-0.01	-0.05	-0.16	-0.10
	0.01	0		0.05	0.02	0.76	0.44	0.03	0.79	0.84	0.4	0	0.07
Y_4	-0.01	0	-0.03	1	0.22	0.05	0	0.21	0.11	0	-0.01	0.16	0.21
	0.85	0.95	0.59		0	0.39	0.91	0	0.05	0.50	0.76	0	0
董事会规模	0.06	-0.11	-0.11	0.17	1	0.07	-0.17	0.67	0.30	0.41	-0.31	0.15	0.26
	0.27	0.05	0.07	0.01		0.20	0	0	0	0	0	0	0
执行董事比例	-0.17	-0.05	-0.03	0.02	0.10	1	0	0.18	0.14	-0.05	0.09	-0.06	-0.03
	0	0.40	0.59	0.63	0.08		0.97	0	0.01	0.33	0.11	0.29	0.56
女性董事比例	-0.01	0.04	0.06	0.01	-0.20	-0.03	1	-0.04	0.17	-0.14	0.08	0.06	0.12
	0.79	0.48	0.26	0.74	0	0.57		0.49	0	0.01	0.17	0.29	0.03
独立董事比例	0.08	0.01	-0.08	0.16	0.61	0.19	-0.06	1	0.44	0.53	-0.31	0.19	0.17
	0.17	0.88	0.16	0	0	0	0.30		0	0	0	0	0

续表

变量	Y_1	Y_2	Y_3	Y_4	董事会规模	执行董事比例	女性董事比例	独立董事比例	领导权结构	独立董事任职期限比例	金融董事比例	精算董事比例	董事教育程度
领导权结构	0	-0.01	0.03	0.08	0.32	0.12	0.12	0.441	1	0.08	-0.17	0.021	0.16
	0.90	0.92	0.60	0.13	0	0.03	0.04	0		0.13	0	0.72	0
独立董事任职期限比例	0.03	-0.02	-0.03	-0.12	0.18	-0.05	-0.12	0.25	0.03	1	-0.28	-0.06	0.05
	0.59	0.72	0.53	0.08	0	0.39	0.04	0	0.60		0	0.25	0.36
金融董事比例	0	0.06	0	0.06	-0.33	0.1	0.09	-0.31	-0.19	-0.21	1	-0.03	-0.09
	0.89	0.24	0.99	0.30	0	0.09	0.11	0	0	0		0.55	0.09
精算董事比例	0	0.07	0.03	0.09	0.06	-0.10	0.05	0.06	-0.03	-0.08	-0.07	1	0.05
	0.86	0.18	0.58	0.10	0.25	0.06	0.32	0.25	0.62	0.17	0.19		0.33
董事教育程度	0.05	0	-0.19	0.17	0.25	-0.03	0.08	0.17	0.16	0.01	-0.11	0	1
	0.39	0.50	0	0	0	0.57	0.13	0	0	0.81	0.05	0.90	

注：上半部分为 Spearman 相关性分析，下半部分为 Pearson 相关性分析。

第四节 实证结果

一、面板数据平稳性检验及回归方法选择

一般来讲，时间序列数据在进行回归分析之前需要进行单位根检验，以避免伪回归情况的出现。鉴于本书所选择样本数据时间跨度较短仅为 4 年，且带有横截面数据构成短期面板数据，对回归分析时所选择的变量可以不进行平稳性检验。同时，由于本书所使用面板数据时间跨度较小，每一个个体所包含的信息量都不多，所以对于扰动项不需要讨论其自相关问题，在实证分析时通常视其数据为独立同分布。因为各家保险公司在截面维度上存在差异，为了减少因此差异而导致的异方差影响，本书在回归分析的时候采取了截面加权的固定效应模型来反映不同公司间的差异，从而保证变量的显著性和无偏性，提高回归分析对参数估计的有效性。

面板数据在进行回归分析的时候，需要在不同的面板模型之间做出选择。在模型选择时，首先将所有数据视为混合截面数据进行了混合回归，同时进行了个体固定效应回归，根据回归结果，进行了 F 统计量（Redundant Fixed Effects Tests）检验，对 4 个被解释变量的检验结果均显示建立个体固定效应模型较混合模型更为合理；其次，根据个体固定效应回归结果和个体随机效应回归结果进行了豪斯曼 H 统计量（Correlated Random Effects-Hausman Test）检验，发现对于四个保险公司经营绩效指标，无论是对总体样本的回归还是分险种进行 OLS 和 2SLS 回归，结果均显示个体固定效应模型优于个体随机效应模型，所以本书在进行所有回归时采用的均是个体固定效应模型。考了到截面之间异方差问题，在回归时进行了截面异方差处理。本书在回归时，首先将董事会规模变量视为外生变量，对总体样本及分险种样本采用普通最小二乘法进行了回归分析；其次，考虑到董事会规模有可能具有内生性，将董事会规模变量视为内生变量，而在对内生性处理的时候，本书采用的是两阶段最小二乘法来克服董事会规模变量的内生性。

二、董事会特征与公司绩效普通最小二乘法回归结果

（一）保险公司董事会特征变量与公司效率（Y1）回归结果

1. 保险公司董事会特征变量与公司效率总体样本回归结果

对总体样本进行董事会特征与经营效率回归结果显示，如表6-7表示，调整的 R^2 为 0.907，说明方程拟合良好。各变量回归结果显示，董事会规模与总体样本经营效率呈 10% 水平上的显著负相关，即董事会规模的扩大会带来经营效率的降低；执行董事比例与公司经营效率呈 5% 水平上的显著负相关，意味着随着执行董事比例的提升，经营效率将会显著下降；回归结果显示，女性董事比例在 1% 水平上与经营效率显著正相关；独立董事比例在 10% 水平上与公司经营效率显著正相关；金融背景董事会成员比例与经营效率呈 1% 水平上的显著负相关；硕士、博士教育背景董事比例与经营效率呈 1% 水平上的显著正相关，意味着教育水平的提升有利于作出更优的经营决策，从而提升保险公司经营效率。除了上述因素之外，其余的解释变量与保险公司经营效率的关系并不显著。

在控制变量中，公司存续时间与经营效率在 1% 水平上显著负相关，而第一大股东持股比例、公司资产规模与经营效率虽然呈正相关，但并不显著。

表 6-7　董事会特征变量与经营效率总体样本回归结果

总体样本 Y_1				
变量	系数	标准差	t 值	p 值
常数项	0.5713	0.1944	2.9393	0.0037
董事会规模	−0.0096	0.0054	−1.7933	0.0744
执行董事比例	−0.6627	0.3091	−2.1444	0.0332
女性董事比例	0.6540	0.2473	2.6444	0.0088
独立董事比例	0.3120	0.1740	1.7934	0.0744
独立董事任职期限比例	−0.0047	0.0114	−0.4149	0.6786
领导权结构	0.0453	0.0762	0.5950	0.5525
董事教育程度	0.4307	0.1573	2.7378	0.0067
金融董事比例	−0.4246	0.0998	−4.2555	0.0000

总体样本 Y_1				
变量	系数	标准差	t 值	p 值
精算董事比例	−0.0457	0.4845	−0.0944	0.9249
企业规模	0.0893	0.0790	1.1310	0.2594
公司存续时间	−0.7649	0.1439	−5.3154	0.0000
第一大股东持股	0.0017	0.0019	0.8853	0.3771
R^2	0.9340	因变量均值		1.0800
调整 R^2	0.9070	因变量标准差		3.3653
回归标准差	0.4069	残差平方和		33.2821
F 值	34.6614	德宾－瓦特逊检验		2.3284
P 值	0	观测值		284

2. 保险公司董事会特征变量与公司效率分险种回归结果

在总体样本回归基础之上，考虑到财险公司和寿险公司的差异，为了更好地考察董事会特征对绩效的影响，本书将总体样本分为财险和寿险分别进行了检验，其结果见表 6–8。

表 6–8　董事会特征变量与经营效率分险种回归结果

变量	寿险公司				财险公司			
	系数	标准差	t 值	p 值	系数	标准差	t 值	p 值
常数项	0.3314	0.4418	0.7501	0.4546	0.8630	0.2928	2.9474	0.0045
董事会规模	−0.0126	0.0136	−0.9249	0.3568	0.0012	0.0112	0.1031	0.9182
执行董事比例	−2.3931	0.6764	−3.5379	0.0006	0.3740	0.2985	1.2530	0.2148
女性董事比例	1.0313	0.5473	1.8845	0.0618	−0.0449	0.2325	−0.1932	0.8474
独立董事比例	1.3835	0.5530	2.5017	0.0136	0.6791	0.1816	3.7401	0.0004
独立董事任职期限比例	0.0085	0.0467	0.1812	0.8565	0.0003	0.0089	0.0367	0.9709
领导权结构	0.1353	0.1877	0.7211	0.4722	0.0367	0.0438	0.8396	0.4043
董事教育程度	0.4894	0.2550	1.9190	0.0572	−0.3751	0.1441	−2.6027	0.0115
金融董事比例	−0.1281	0.2187	−0.5858	0.5590	0.8228	0.8492	0.9688	0.3363
精算董事比例	−0.1644	0.6865	−0.2395	0.8111	0.3983	0.1599	2.4905	0.0154
企业规模	−0.1062	0.1833	−0.5794	0.5634	−0.1386	0.1693	−0.8187	0.4161

变量	寿险公司				财险公司			
	系数	标准差	t 值	p 值	系数	标准差	t 值	p 值
公司存续时间	−0.2126	0.3260	−0.6521	0.5155	−0.7032	0.2018	−3.4853	0.0009
第一大股东持股	0.0032	0.0050	0.6455	0.5198	−0.0037	0.0024	−1.5497	0.1262
R^2	0.7818				0.8184			
调整 R^2	0.6831				0.7146			
回归标准差	0.5056				0.1732			
F 值	7.9199				7.8841			
P 值	0.0000				0.0000			

分险种回归结果显示：对于财险公司，独立董事比例与经营效率在 1% 水平上显著正相关，教育背景与公司效率 5% 水平上显著负相关，而精算背景却与经营效率在 5% 的显著性水平上呈负相关；而对于寿险公司，执行董事比例与公司效率呈 1% 水平上的显著负相关，女性董事比例和独立董事比例与经营效率呈 5% 水平上的正相关，教育背景与经营效率也呈显著正相关。对比寿险和财险公司的回归结果，我们发现董事会规模、执行董事比例及教育背景对寿险和财险公司均存在不同性质的影响。对于控制变量，存续时间与财险经营效率显著负相关，其他控制变量与经营效率并无显著相关性。这一结果显示，董事会特征变量与寿险和财险公司经营效率的关系并非完全一致，说明了在公司治理时，有必要分险种进行考虑。

（二）保险公司董事会特征与成长能力（Y_2）回归分析

1. 保险公司董事会特征与成长能力总体样本回归结果

表 6-9 显示了董事会特征变量与保险公司成长能力总体样本的回归结果。结果显示，董事会规模与成长能力负相关，但是并不显著；执行董事比例与成长能力 1% 水平上显著负相关，意味着执行董事比例占比越高越不利于保险公司成长能力的提升；而独立董事比例与成长能力在 1% 水平上显著正相关，说明独立董事比例越高保险公司的成长能力也将越强；硕士、博士教育背景的董事与成长能力呈 1% 水平上的显著正相关；而金融背景董事比例与成长能力却呈现显著的负相关。此外，女性董事比例、独立董事任职期限比和精算背景董事比例与成长能

力间呈不显著的正相关关系，而一元结构却对成长能力具有负面影响，虽然影响并不显著。

在控制变量中，回归结果显示，资产规模与成长能力呈显著正相关关系，而存续时间却与其呈显著的负相关关系；第一大股东持股比例与成长能力之间虽呈现正相关关系，但是关系并不显著。

表 6-9　董事会特征变量与成长能力总体样本回归结果

总体样本 Y_2				
变量	系数	标准差	t 值	p 值
常数项	1.8464	0.4442	4.1573	0.0000
董事会规模	−0.0104	0.0179	−0.5838	0.5600
执行董事比例	−1.9547	0.4356	−4.4874	0.0000
女性董事比例	0.6073	0.4724	1.2855	0.2001
独立董事比例	2.0814	0.4543	4.5820	0.0000
独立董事任职期限比例	0.0384	0.0250	1.5375	0.1257
领导权结构	−0.0430	0.0802	−0.5356	0.5928
董事教育程度	1.3253	0.2898	4.5727	0.0000
金融董事比例	−0.5409	0.2131	−2.5381	0.0119
精算董事比例	0.8591	0.5680	1.5124	0.1320
企业规模	0.5640	0.2052	2.7487	0.0065
公司存续时间	−4.2089	0.3519	−11.9613	0.0000
第一大股东持股	0.0046	0.0055	0.8325	0.4061
R^2	0.7393	因变量均值		−0.2413
调整 R^2	0.6330	因变量标准差		1.0809
回归标准差	0.6265	残差平方和		78.8985
F 值	6.9517	德宾 – 瓦特逊检验		2.4578
P 值	0	观测值		284

2. 保险公司董事会特征与成长能力分险种回归结果

分险种回归结果（表 6-10）显示，对于寿险公司和财险公司，独立董事比例与成长能力均呈 1% 水平上的显著正相关关系，同时精算背景董事比例与成长能力呈 5% 水平上的显著正相关关系。执行董事比例、教育背景与寿险公司成长能力显著负相关，而女性董事比例却与之呈显著的正相关关系。控制变量的回归结果显示，资产规模与寿险公司成长能力正相关，而存续时间与公司成长能力显著负相关。

表 6-10　董事会特征变量与成长能力分险种回归结果

变量	寿险公司				财险公司			
	系数	标准差	t 值	p 值	系数	标准差	t 值	p 值
常数项	1.7460	0.7791	2.2411	0.0268	0.7695	0.8005	0.9612	0.3401
董事会规模	−0.0267	0.0301	−0.8861	0.3772	0.0324	0.0330	0.9835	0.3291
执行董事比例	−2.7470	0.7242	−3.7930	0.0002	−0.0457	0.6413	−0.0712	0.9434
女性董事比例	1.3647	0.7810	1.7474	0.0830	−0.3905	0.4462	−0.8752	0.3848
独立董事比例	2.6272	0.9778	2.6869	0.0082	1.5003	0.4566	3.2858	0.0017
独立董事任职期限比例	0.0565	0.0495	1.1408	0.2561	0.0059	0.0210	0.2794	0.7808
领导权结构	−0.0928	0.1477	−0.6282	0.5310	0.0042	0.0961	0.0441	0.9649
董事教育程度	1.2850	0.4519	2.8434	0.0052	−0.4582	0.3267	−1.4026	0.1656
金融董事比例	0.1038	0.3603	0.2882	0.7737	1.2170	2.2800	0.5337	0.5954
精算董事比例	1.5196	0.7515	2.0222	0.0453	0.7267	0.3188	2.2794	0.0260
企业规模	0.7475	0.2920	2.5595	0.0117	0.5404	0.4691	1.1520	0.2537
公司存续时间	−4.6091	0.5590	−8.2446	0.0000	−3.0117	0.5604	−5.3745	0.0000
第一大股东持股	0.0020	0.0092	0.2190	0.8270	−0.0011	0.0058	−0.1945	0.8464
R^2	0.6757				0.7974			
调整 R^2	0.5290				0.6817			
回归标准差	0.6785				0.5048			
F 值	4.6055				6.8883			
P 值	0.0000				0.0000			

（三）保险公司董事会特征与稳健性（Y_3）回归分析

1. 保险公司董事会特征与稳健性总体样本回归结果

董事会特征变量与保险公司稳健性指标之间的回归结果（表 6-11）显示，

董事会规模、执行董事比例与保险公司的稳健性之间呈 1% 水平上的显著负相关关系；独立董事比例与稳健性呈 1% 水平上的显著正相关；一元结构和稳健性之间呈 1% 水平上的显著正相关关系，说明董事长和总经理一人兼任的情况下，其会较为关注保险公司发展的稳定性，从而确保其职位的稳定性；金融背景与稳健性在 1% 水平上显著负相关，说明具有金融背景的董事并不能带来公司稳健性的提升，而精算背景与稳健性 10% 水平上正相关，说明了精算师较为关注公司的稳健经营；此外，独立董事任职期限比和教育背景与稳健性之间呈不显著的正相关关系，而女性董事比例与稳健性之间呈不显著的负相关关系。

在控制变量中，第一大股东持股比例与稳健性之间呈 1% 水平上正相关；资产规模与稳健性呈正相关，但并不显著，而存续时间与稳健性之间呈 1% 水平上的显著负相关关系。

表 6-11　董事会特征变量与稳健性总体样本回归结果

总体样本 Y_3

变量	系数	标准差	t 值	p 值
常数项	1.5657	0.2907	5.3857	0.0000
董事会规模	−0.0295	0.0077	−3.8385	0.0002
执行董事比例	−1.3743	0.3454	−3.9792	0.0001
女性董事比例	−0.0608	0.2732	−0.2225	0.8242
独立董事比例	0.7719	0.2726	2.8318	0.0051
独立董事任职期限比例	0.0069	0.0244	0.2810	0.7790
领导权结构	0.2908	0.0820	3.5460	0.0005
董事教育程度	0.1046	0.1905	0.5491	0.5836
金融董事比例	−0.6527	0.1415	−4.6111	0.0000
精算董事比例	0.5459	0.3353	1.6278	0.1000
企业规模	0.0613	0.1048	0.5851	0.5591
公司存续时间	−1.9534	0.2386	−8.1867	0.0000
第一大股东持股	0.0082	0.0029	2.8333	0.0051
R^2	0.9361	因变量均值		−1.1612
调整 R^2	0.9100	因变量标准差		4.0790

续表

总体样本 Y_3				
变量	系数	标准差	t 值	p 值
回归标准差	0.4008	残差平方和		32.2887
F 值	35.8887	德宾－瓦特逊检验		1.8726
P 值	0	观测值		284

2. 保险公司董事会特征与稳健性分险种回归结果

分险种回归结果显示（表 6-12），对于财险公司，董事会规模、执行董事比例与稳健性均呈 1% 水平上的显著负相关；而独立董事比例和两职兼任与稳健性之间呈 10% 显著正相关；金融背景董事比例与稳健性呈 10% 水平上的负相关关系。而对于寿险公司，执行董事比例、金融背景董事比例、教育背景与稳健性呈显著的负相关关系，而女性董事比例、两职兼任、精算背景董事比例与稳健性呈不同水平上的显著正相关。

在控制变量中，资产规模与财险、寿险公司均呈 5% 水平上的显著正相关，而存续时间与财险和寿险公司稳健性之间均呈 1% 水平上的负相关，第一大股东持股比例与财险、寿险公司稳健性都具有正相关关系但并不显著。

表 6-12　董事会特征变量与稳健性分险种回归结果

变量	寿险公司				财险公司			
	系数	标准差	t 值	p 值	系数	标准差	t 值	p 值
常数项	2.0433	0.5320	3.8410	0.0002	0.2336	0.6440	0.3627	0.7180
董事会规模	0.0101	0.0228	0.4443	0.6576	−0.0549	0.0197	−2.7916	0.0069
执行董事比例	−0.9601	0.4710	−2.0383	0.0436	−1.9504	0.6975	−2.7962	0.0068
女性董事比例	1.1180	0.5778	1.9349	0.0552	−1.2470	0.8439	−1.4776	0.1445
独立董事比例	0.9950	0.6612	1.5050	0.1348	1.1507	0.6369	1.8066	0.0756
独立董事任职期限比例	0.0133	0.0455	0.2925	0.7704	0.0331	0.0257	1.2882	0.2024
领导权结构	0.3313	0.1144	2.8971	0.0044	0.2446	0.0884	2.7659	0.0074
董事教育程度	−0.5764	0.3048	−1.8910	0.0609	0.0216	0.3047	0.0710	0.9436
金融董事比例	−0.5473	0.2796	−1.9579	0.0525	−2.3554	1.2644	−1.8628	0.0672
精算董事比例	2.0495	0.5071	4.0418	0.0001	0.0690	0.3756	0.1837	0.8548

续表

变量	寿险公司				财险公司			
	系数	标准差	t 值	p 值	系数	标准差	t 值	p 值
企业规模	0.3312	0.1603	2.0658	0.0409	0.8775	0.4120	2.1297	0.0371
公司存续时间	−3.8904	0.3392	−11.4690	0.0000	−1.6905	0.3630	−4.6577	0.0000
第一大股东持股	0.0099	0.0067	1.4704	0.1440	0.0091	0.0059	1.5468	0.1269
R^2	0.9257				0.9014			
调整 R^2	0.8921				0.8451			
回归标准差	0.3976				0.3233			
F 值	27.5553				16.0031			
P 值	0.0000				0.0000			

（四）保险公司董事会特征与盈利能力（Y_4）回归分析

1. 保险公司董事会特征与盈利能力总体样本回归结果

表 6-13 显示了总体样本与盈利能力的回归结果。结果显示，董事会规模与盈利能力之间呈 5% 水平上的显著负相关；独立董事比例与盈利能力呈 1% 水平上的显著正相关；一元结构与盈利能力呈 10% 水平上的显著正相关；硕士、博士教育背景与盈利能力呈 10% 水平上的显著正相关；而精算背景董事比例与盈利能力呈 1% 水平上显著负相关；此外，董事会其他特征与盈利能力相关度并不显著，如执行董事比例与盈利能力微弱正相关，女性董事比例与盈利能力呈不显著的正相关，而独立董事任职期限比与盈利能力呈不显著的负相关关系；金融背景董事虽然与盈利能力正相关，但是关系并不显著。

在控制变量，资产规模与公司盈利能力呈 1% 水平上的显著正相关关系，而存续时间、第一大股东持股比例与保险公司盈利能力呈 1% 水平上的显著负相关关系。

表 6-13　董事会特征变量与盈利能力总体样本回归结果

总体样本 Y_4

变量	系数	标准差	t 值	p 值
常数项	0.3004	0.2352	1.2771	0.2030
董事会规模	−0.0234	0.0094	−2.4851	0.0138

总体样本 Y_4				
变量	系数	标准差	t 值	p 值
执行董事比例	0.3558	0.2289	1.5545	0.1216
女性董事比例	0.0995	0.2398	0.4149	0.6786
独立董事比例	0.7239	0.2766	2.6175	0.0095
独立董事任职期限比例	−0.0153	0.0170	−0.8988	0.3698
领导权结构	0.1137	0.0647	1.7581	0.0803
董事教育程度	0.2864	0.1662	1.7230	0.0864
金融董事比例	0.0791	0.1338	0.5908	0.5553
精算董事比例	−1.0099	0.3619	−2.7904	0.0058
企业规模	0.2574	0.0615	4.1838	0.0000
公司存续时间	−0.7614	0.1380	−5.5193	0.0000
第一大股东持股	−0.0055	0.0034	−1.6100	0.1000
R^2	0.9321	因变量均值		1.2299
调整 R^2	0.9044	因变量标准差		3.4645
回归标准差	0.6855	残差平方和		94.4620
F 值	33.6647	德宾 – 瓦特逊检验		2.1267
P 值	0	观测值		284

2. 保险公司董事会特征与盈利能力分险种回归结果

保险公司董事会特征与盈利能力分险种回归结果（表 6-14）显示，对于财险公司，执行董事比例与盈利能力在 5% 水平上呈显著正相关，而精算背景却与盈利能力呈 5% 水平上显著负相关，此外，其他变量与盈利能力关系并不显著。对于寿险公司，董事会规模与其盈利能力在 1% 水平上显著负相关；执行董事比例却与盈利能力呈 10% 水平上的显著正相关；一元结构与盈利能力在 5% 水平上正相关；精算背景与盈利能力呈 10% 水平上的显著负相关。

对于控制变量，资产规模与寿险和财险公司的盈利能力均呈显著的正相关，存续时间与寿险公司盈利能力呈显著负相关，第一大股东持股比例对财险公司具有显著负相关，而与寿险公司盈利能力呈显著的正相关关系。

表 6-14　董事会特征变量与盈利能力分险种回归结果

变量	寿险公司				财险公司			
	系数	标准差	t 值	p 值	系数	标准差	t 值	p 值
常数项	−0.2772	0.3750	−0.7390	0.4613	−0.9035	0.6455	−1.3996	0.1665
董事会规模	−0.0488	0.0164	−2.9756	0.0035	0.0239	0.0207	1.1515	0.2539
执行董事比例	0.6527	0.3447	1.8938	0.0606	1.5410	0.6359	2.4235	0.0183
女性董事比例	0.1852	0.3380	0.5481	0.5846	−0.3645	0.6032	−0.6042	0.5479
独立董事比例	−0.7277	0.4983	−1.4603	0.1467	−0.1110	0.7187	−0.1544	0.8778
独立董事任职期限比例	−0.0398	0.0377	−1.0550	0.2934	−0.0234	0.0292	−0.7991	0.4272
领导权结构	0.3451	0.1646	2.0958	0.0381	0.0466	0.0953	0.4893	0.6263
董事教育程度	0.1527	0.2244	0.6804	0.4975	0.3021	0.2336	1.2935	0.2005
金融董事比例	0.2816	0.2361	1.1926	0.2353	0.1581	1.1618	0.1361	0.8922
精算董事比例	−0.8227	0.4757	−1.7293	0.0862	−0.8373	0.4196	−1.9953	0.0503
企业规模	0.1857	0.0803	2.3127	0.0224	1.1784	0.2742	4.2970	0.0001
公司存续时间	−0.7481	0.2740	−2.7301	0.0072	0.0339	0.2925	0.1159	0.9081
第一大股东持股	0.0124	0.0057	2.1967	0.0299	−0.0233	0.0071	−3.2890	0.0016
R^2	0.9066				0.7895			
调整 R^2	0.8644				0.6693			
回归标准差	0.6816				0.5017			
F 值	21.4650				6.5649			
P 值	0.0000				0.0000			

三、董事会特征与公司绩效二阶段最小二乘法回归结果

董事会内生性问题是学术界讨论的热点问题之一。当解释变量中存在内生变量的时候，会导致由最小二乘估计（OLS）的参数估计不能满足无偏性，为了避免变量董事会内生性问题对回归结果所带来的不利影响，从董事会规模内生性角度，选择两阶段最小二乘法（2SLS）来克服董事会规模内生性的影响。两阶段最小二乘法通过寻找工具变量，寻找可归因于该工具变量的成分，通过两阶段回

归而实现，第一阶段对方程中的具有内生性的解释变量与所有的外生变量最回归，之后用第一阶段的拟合值代替内生变量对原方程进行回归，这次回归所得系数即为两阶段最小二乘估计值。本书选择的工具变量包括省级分公司网点数量（LnNet）、董事会专业委员会数量（COMM）、国有股持股比例（GOV）和外资股持股比例（FOR）。在进行回归时，我们选择固定效应模型并处理了截面异方差问题。其回归结果如表6-15所示。

表6-15　董事会特征变量与绩效总体样本二阶段最小二乘回归结果

变量	总体样本 Y_1				总体样本 Y_2			
	系数	标准差	t 值	p 值	系数	标准差	t 值	p 值
常数项	0.7750	0.2743	2.8256	0.0052	1.9732	0.8071	2.4448	0.0154
董事会规模	−0.0178	0.0089	−1.9991	0.0469	−0.0137	0.0671	−0.2047	0.8380
执行董事比例	−0.6711	0.3041	−2.2066	0.0285	−1.8023	0.4361	−4.1324	0.0001
女性董事比例	0.4513	0.2638	1.7105	0.0887	0.4812	0.5035	0.9556	0.3404
独立董事比例	0.3477	0.1841	1.8882	0.0604	1.8744	0.4756	3.9409	0.0001
独立董事任职期限比例	0.0000	0.0121	−0.0026	0.9979	0.0398	0.0271	1.4686	0.1435
领导权结构	0.0545	0.0738	0.7385	0.4611	−0.0477	0.0871	−0.5481	0.5843
董事教育程度	0.3361	0.1733	1.9393	0.0539	1.3741	0.2803	4.9024	0.0000
金融董事比例	−0.4487	0.1232	−3.6429	0.0003	−0.5327	0.2737	−1.9462	0.0530
精算董事比例	−0.0520	0.4484	−0.1159	0.9079	1.0095	0.6793	1.4862	0.1388
企业规模	0.0819	0.1038	0.7886	0.4313	0.4381	0.2170	2.0189	0.0448
公司存续时间	−0.7635	0.1629	−4.6873	0.0000	−4.0773	0.3674	−11.0976	0.0000
第一大股东持股	0.0010	0.0021	0.4886	0.6256	0.0055	0.0051	1.0787	0.2820
R^2	0.9009				0.7308			
调整 R^2	0.8604				0.6210			
回归标准差	0.4028				0.6347			
F 值	22.4742				6.7447			
P 值	0.0000				0.0000			

变量	总体样本 Y_3				总体样本 Y_4			
	系数	标准差	t 值	p 值	系数	标准差	t 值	p 值
常数项	2.3968	0.4208	5.6953	0.0000	0.1616	0.4634	0.3488	0.7276
董事会规模	−0.0926	0.0253	−3.6554	0.0003	−0.0084	0.0372	−0.2261	0.8213
执行董事比例	−1.9604	0.4599	−4.2623	0.0000	0.2903	0.2323	1.2498	0.2128
女性董事比例	0.0647	0.2449	0.2642	0.7919	0.1344	0.3113	0.4319	0.6663
独立董事比例	0.8215	0.3618	2.2705	0.0242	0.9827	0.2674	3.6756	0.0003
独立董事任职期限比例	0.0179	0.0160	1.1210	0.2636	−0.0108	0.0169	−0.6411	0.5222
领导权结构	0.3334	0.0859	3.8837	0.0001	0.1102	0.0548	2.0131	0.0454
董事教育程度	−0.1278	0.2043	−0.6258	0.5322	0.1982	0.1530	1.2956	0.1966
金融董事比例	−0.7990	0.1654	−4.8304	0.0000	0.1666	0.1822	0.9146	0.3615
精算董事比例	0.8986	0.2734	3.2869	0.0012	−0.8706	0.4277	−2.0356	0.0431
企业规模	0.0976	0.1137	0.8582	0.3918	0.2702	0.0637	4.2427	0.0000
公司存续时间	−2.0451	0.2490	−8.2121	0.0000	−0.7634	0.1415	−5.3932	0.0000
第一大股东持股	0.0095	0.0035	2.6986	0.0076	−0.0072	0.0034	−2.1365	0.0338
R^2	0.9202				0.9311			
调整 R^2	0.8876				0.9030			
回归标准差	0.4140				0.6890			
F 值	26.7444				32.4836			
P 值	0.0000				0.0000			

对比董事会特征与保险公司绩效在没有考虑董事会规模内生性时的普通最小二乘回归和考虑了董事会规模内生性时的二阶段最小二乘回归，我们可以发现两种回归方法的结果虽存在一定的差异，但整体回归结果基本相同，不过后者较前者略微有所改进，说明我国保险公司董事会规模存在一定程度的内生性，但目前阶段其内生性并不明显。在这种情况下考虑董事会规模内生性时的回归结果将会更真实地反映保险公司的实际情况。两种回归结果对于不同保险公司绩效回归结果的差异主要存在于以下几个方面：

董事会特征对保险公司经营效率的影响中，董事会规模的显著性由 10% 的水平提升为 5% 水平上的显著负相关，执行董事、独立董事比例两个特征的影响显著性也有所增加；但女性董事比例和教育水平与保险公司经营效率的关系的显著性却有所降低。

董事会特征对保险公司成长能力的影响中，各个变量的影响情况与普通最小二乘所得结果基本一致，系数和显著性并没有发生显著变化。

董事会特征对保险公司稳健性的影响中，独立董事比例对稳健性的影响由普通最小二乘法结果中 1% 水平上的显著性降低为 5% 水平上的显著性，而精算背景董事会成员比例对稳健性的影响却由原来 10% 水平上的正相关变成了 1% 水平上的正相关，与此同时，两职兼任对稳健性的影响显著性也有所提升。除此之外，其他变量的影响与普通最小二乘所得结果基本一致。

董事会特征对保险公司盈利能力的影响中，在考虑董事会规模内生性的情况下，董事会规模、教育背景这两个特征的影响由显著变为了不显著，精算背景董事会成员比例对盈利能力的影响显著性水平从 1% 降低为 5%；但是两职兼任对盈利能力的影响却从 10% 的水平提升为 5% 水平上的显著。

上述回归结果显示保险公司董事会规模在一定程度上存在内生性问题，但是并不明显。说明目前阶段，我国保险公司董事会规模的大小更多的是由相关法规和股东等因素决定的，而与公司绩效并无显著关系。但微弱的内生性也意味着，保险公司绩效和董事会规模之间存在一定的相互影响，即通过改善董事会治理能够提升保险公司治理绩效，而通过治理绩效的提升也能够完善保险公司董事会治理的功能，我们相信未来二者之间的影响将更加显著。

第五节　实证结果分析

根据上节回归结果，在这里，我们将上述回归结果进行汇总分析。

一、董事会规模与公司绩效的关系

根据回归结果显示，董事会规模与保险公司经营效率、稳健性、盈利能力显著负相关；董事会规模与成长能力呈现负相关关系，但并不显著。

董事会规模与保险各公司各项效率指标均负相关，其中与经营效率、稳健性和盈利能力三项绩效指标显著负相关。根据代理理论，保险公司董事会规模的扩大虽然能够给保险公司带来更多的知识、资源和效益，但是大规模的董事会意味着在进行决策时将会产生更大的协调成本和沟通成本、甚至"搭便车"等行为，从而带来保险公司绩效的下降。而根据资源依赖理论，大规模的董事会能够为公司发展带来更多的资源和发展机会，能够促进公司绩效的提升。针对中国保险公司现实状况，我们的回归结果显示，董事会规模的扩大将会带来保险公司经营效率、稳健性和盈利能力这三项绩效指标的显著下降；即使成长能力，董事会规模与其亦呈现负相关，所以大规模的董事会不利于保险公司各项绩效指标的提升。这一实证结果支持代理理论关于董事会规模的论述，也支持了目前学者们关于董事会的规模论述及西方发达国家普遍缩小董事会规模的事实。

之所以产生这一结果，除了代理理论所持观点之外，本书认为其原因还在于目前我国大多数保险公司董事会成员来源于股东单位委派，而非经理人市场，从而在经营管理公司时缺乏专业知识、管理实践和更多的社会资源。如对于一些中资保险公司，因存在较多的股东，即使是持股比例较小的股东为了维护自身利益也往往要求派员参加董事会，势必造成董事会规模的扩大，而这些董事会成员因不持有所服务保险公司股份、个人收入与公司绩效不挂钩，其往往作为股东单位的"传声筒"，且股东之间也可能存在一定的利益冲突，所以虽然具有董事会成员的身份但却不能胜任董事会成员的工作、同时股东单位利益冲突的存在增加了治理成本，降低了治理效率。

二、执行董事比例与公司绩效的关系

执行董事比例与保险公司经营效率、成长能力、稳健性显著负相关；与保险公司盈利能力正相关，但不显著。

执行董事比例较高是我国公司中普遍存在的现象，在保险公司中也是如此。因我国保险公司治理结构及治理机制距离职能发挥良好的现代保险公司制度还有较长的距离，各项治理机制作用发挥不到位或者不尽如人意。保险公司董事会成员因基本来自于股东单位，而同时董事会成员又往往担任着公司管理层的职位，高执行董事比例意味着管理层控制着董事会，而无论是管理层还是董事会都来自于股东单位，所以他们往往为股东利益考虑，而并不能充分照顾其他利益相关者的利益。目前我国部分保险公司存在不惜成本追求规模和市场份额的扩大等赶超发展战略，追求公司规模的扩大和更高的收益，而不惜损害其他利益相关者的利益，从而带来经营效率低下。所以，执行董事比例越高保险公司绩效将会越低，稳健性也会越差，而盈利能力会有所提升，同时成长能力越弱的原因在于受困于股东单位的持续注资能力而影响到了公司规模的壮大。

三、董事会独立性与公司绩效的关系

（一）独立董事比例与公司绩效的关系

回归结果显示，独立董事比例与保险公司经营效率、成长能力、稳健性及盈利能力等四项指标均呈显著正相关关系。

我国保险公司现代企业制度建设过程中，国家保险监管部门在完善保险公司治理结构和治理机制机制建设过程中一直较为重视独立董事的引入。目前，我国保险公司独立董事占比较低，很多保险公司独立董事比例和人数都不能满足保险监管部门的要求，大多保险公司也是迫于监管政策要求而被迫引入独立董事的。但是独立董事引入之后效果如何？回归结果显示，独立董事比例与各项绩效指标均呈显著正相关，说明了独立董事的引入为公司绩效的提升带来了明显的促进作用。这一结论否定了独立董事是迫于政策需要、流于形式而设立的"花瓶"的观点，证实了提升保险公司董事会的独立性将能够更好地发挥董事会的战略决策、监督、咨询等职能，更好地发挥独立董事公正、客观、独立的作用，能较为全面地提升保险公司各项效率指标。其原因有：

首先，独立董事都是相关领域的专家，具有较强的专业能力。独立董事大多是金融、财务、精算、法律等领域的专家，他们加入到董事会能够给董事会决策和咨询提供强大的专业知识，从而提升董事会决策的科学性。

其次，我国保险公司大多独立董事都是来自于高等院校、科研机构，有些独立董事还具有政府相关部门的工作背景，他们一般都具有较高的社会地位和社会认可度，这使得独立董事较为注重维护自身信誉，从而促使他们更好地发挥独立董事应有的职能。

最后，具有专业背景和较高社会地位的独立董事，不但能够发挥其决策、咨询职能，为保险公司股东利益而献计献策，提升保险公司经营效率、成长能力和盈利能力，而且也能较好地维护中小股东及广大债权人的利益，对经营管理履行监督职能，维持保险公司的稳健性。

关于保险公司独立董事比例与公司绩效的关系，我国一些学者在实证分析时并未发现二者之间存在显著的相关关系，而本书却发现独立董事比例与所有公司绩效指标之间均呈显著的正相关关系，之所以出现这样结果的原因可能在于样本选择的不同，目前我国学者在实证分析时仅仅选择少数几家上市公司，或者是少数几家公司的截面数据，而本书选择了较多的样本数量且采用面板数据，所以本书分析结果的稳定性和代表性较强。

（二）独立董事任职期限比与公司绩效的关系

回归结果显示，独立董事任职期限比对经营效率和盈利能力具有不显著的负相关关系，而对成长能力和稳健性指标具有不显著的正相关关系。这一实证结果与我们的假设存在背离，之所以出现这一回归结果的可能原因是，一方面随着独立董事任职期限的增长，虽然独立董事能够获得更多的信息，从而能够保证其独立董事职能能够得到更好的发挥，所以其能够较好地履行战略制定、咨询及监督职能，促进保险公司成长和维护其经营稳健性；但另一方面，随着任职期限的增强，其与保险公司经营者个人关系日益密切，从而失去了其独立性而成为保险公司的"俘虏"，从而导致保险公司绩效下降。这一结果说明，为了更好地发挥独立董事的职能，独立董事不能一家保险公司连续长时间任职。

四、董事会领导权结构与公司绩效的关系

两职合一与保险公司经营稳健性和盈利能力呈显著的正相关，而两职合一与经营效率呈不显著的正相关，但和成长能力却呈不显著的负相关关系。

我国的公司因其特殊的背景决定了权力争夺的重要性，两权分离制度的引入从理论上来讲能够制衡。但在中国，传统文化中"官本位"思想影响深远，董事长和总经理二人之间不可避免会存在权利争夺，最终划疆而治、各管一块，从而信息流通受阻、资源内耗严重，如此，在西方作用良好的两权分离在目前的中国将不能发挥其预期的结果。这一点和美国等发达国家不同，美国众多董事长是外部董事甚至是独立董事，并不在公司上班，为了控制总经理大权独揽而实施两权

分离必定会带来两权制衡的效果。关于我国保险公司董事会领导权结构与公司绩效的回归结果表明，在我国保险公司目前发展阶段仍需要一定程度的一元结构，这也与目前我国保险公司为两权合一的领导权结构较为普遍的现状相符。两职合一的领导权结构将会使得其更加关注自身职位的稳定性，更加关注公司的稳健发展，也更加关注保险公司各项经营决策的科学性，从而提升保险公司的经营效率、稳健性和盈利能力绩效指标。

五、董事会素质与公司绩效的关系

（一）董事会多元化与公司绩效的关系

女性董事比例与保险公司经营效率呈显著正相关关系，与成长能力和盈利能力这两项绩效指标虽然正相关但却并不显著，与稳健性指标关系不显著。

董事会多元化能够提升公司效率已经得到了较多学者实证分析的证实。目前我国各公司董事构成中，女性董事占比往往较低，能够进入董事会的女性董事往往都具有较高的专业才能及丰富的经营管理经验，她们的加入将更有利于董事会职能的发挥。在保险公司中，女性董事比例的提升也能够带来保险公司绩效的提升，其原因可能同样在于女性董事在履行决策、咨询和监督的过程中，更能够投入工作，更具有履行董事会成员所需要的技能，也更能发表其个人意见甚至是质疑而不被别的董事成员和管理层所左右，更能维护广大利益相关者的利益，但因为目前我国保险公司董事会中女性董事比例占比过低，其效果并没有完全显著的呈现出来。

（二）教育背景董事比例与公司绩效的关系

教育背景董事比例与保险公司经营效率、成长能力、盈利能力等三项指标显著正相关；与保险公司稳健性呈不显著的正相关关系。

作为一个信号显示机制，高学历意味着更专业的知识和经营管理才能，也意味着更高的公司绩效。关于董事会教育背景的实证结果表明，高学历确实能够带来经营效率、成长能力、盈利能力的显著提高，同时与稳健性指标也呈正相关关系，虽然相关性并不显著，这证实了学历作为一种能力显示机制的事实。

（三）董事会专业背景与公司绩效的关系

1. 金融背景董事比例与保险公司经营效率、成长能力和稳健性均呈显著的负相关；与盈利能力呈不显著的正相关关系

目前我国保险公司董事会成员大多具有金融从业背景，或者是保险业从业经验，或者是银行业从业经历，金融背景董事因对金融业经营较为熟悉，所以较多的金融背景董事从理论上将会有利于绩效的提升，但是回归结果显示金融背景与大多绩效指标均呈负相关关系，其根本原因在于目前我国大多保险公司借助金融人才追求规模的增长和市场份额的提升，相互之间竞争无序，从而带来绩效的下降。

2. 精算背景董事比例与保险公司稳健性指标显著正相关，与盈利能力指标显著负相关；而对经营效率具有不显著的负面影响，对成长能力具有不显著的积极作用

保险精算是保险公司产品研发的基础，关系一家保险公司未来的长期发展，各国保险公司都较为重视精算的作用。但是我国保险公司中具有精算背景的董事比例过低，较多保险公司董事会成员中缺少精算背景人员。精算师因为更加关注风险控制，从而其比例的提升将能够较好地保证保险公司的稳健经营和长远发展，但是其比例的提升一般来说意味着对高风险行为的抵制，即盈利能力的减弱，我们的实证结果证明了这一观点。

上述回归结果显示，保险公司董事会应该加强专业能力建设，尤其是注重具有丰富实践经验和管理才能的专业人才的引进，增强保险公司董事会的专业性，同时注重引入教育背景良好的董事会成员。加强保险公司董事专业性将有利于保险公司绩效指标的全面提升。

第六节　本章小结

本章中首先对变量选择及其含义、数据来源、研究思路等做了说明；其次，根据第四章文献综述中学者们已有的研究成果并结合保险业实际分别针对董事会的不同特征提出了研究假设；之后，根据第五章研究所得出的保险公司经营效率、成长能力、稳健性和盈利能力等保险公司绩效得分与董事会特征变量展开了实证分析。

　　本章从保险公司董事会规模、执行董事比例、独立性、领导权结构和成员素质等多个方面展开了实证分析，回归结果表明，董事会每一特征均对保险公司绩效产生相应的影响，说明了通过完善保险公司董事会建设能够提升保险公司的绩效。

第七章　结论及政策建议

第一节　主要结论

本书以我国保险公司为研究对象，采用了规范分析与实证分析相结合、历史分析与比较分析相结合的研究方法，基础于保险业特殊性是保险公司治理的逻辑起点及研究主线，对保险业及我国保险业特殊性进行了探讨，深入研究了保险公司治理特殊性，汇总分析了国内外相关理论研究和实证研究文献，借助于因子分析法将保险业众多绩效指标综合而成经营效率、成长能力、稳健性和盈利能力这四项综合指标并计算每项指标得分，并实证检验了保险公司董事会特征与公司绩效之间的关系。通过研究，本书主要研究结论有以下几个方面。

一、第三类代理问题在保险公司治理中尤为突出

保险公司产品形式、资本结构、保险契约和政府监管等特殊性对保险公司治理意味着众多潜在治理风险。这些治理风险使得保险公司治理工作更加困难，如资本结构的高负债性、债权人的分散性、负债的长期性及严重的信息不对称性等特性决定了股东与经营者合谋侵犯债权人利益的收益明显大于二者之间竞争而产生的收益，所以第一代理成本问题在保险公司虽然存在但是已经弱化且部分转化为了第三类代理问题；同时，较为制衡的股权结构、严格的政府监管、交易不透明性等特性使得第二类代理问题在我国保险公司中既存在冲突也存在合谋，且股东之间的利益冲突也明显弱化并转化为对债权人利益的剥夺。所以，在我国保险公司治理中，第一类和第二类代理问题虽然存在，但已明显弱化且其部分冲突转化为了股东和经营者与广大债权人（消费者）等之间的利益冲突，即第三类代理问题在保险公司治理中尤为突出，是完善公司治理时需要解决的关键问题。

二、目前阶段我国保险公司应以内部治理为主

目前阶段，我国保险市场中各项外部治理机制因存在缺失或者建设滞后，其作用发挥均受到一定程度的限制，如债权人治理缺失、产品市场竞争不充分、经理人市场滞后、资本市场建设落后、控制权转移受到严格的政府监管、信息披露不完善、法律制度薄弱、媒体监督机制有待进一步加强等。作为内部治理机制核心的董事会，不但对股东负有受托责任，同时对广大分散的债权人和政府监管部门也负有受托责任。保险公司的董事会不但承担一般公司中的战略制定、咨询和监督职能，还承担着合规经营、风险管理和内部控制等重要职能。董事会建设的好坏决定了一家保险公司的成败，此外，选聘机制和激励机制也是保险公司治理的关键所在。同时，公司治理应该是一个动态调整的过程。目前阶段，因外部治理机制的缺陷及董事会治理的核心地位，我国保险公司治理应以内部治理为主，以外部治理机制为辅。随着各项外部治理机制的不断完善，应逐步加强对外部治理机制的运用。

三、保险公司治理评价应注重稳健性及成长能力等指标

保险公司治理不仅应该关注股东利益，同时更应该关注债权人等核心利益相关者利益，所以保险公司治理目标应该是风险最小化前提下的收益最大化。这样的公司治理目标决定了在进行保险公司治理评价的时候应该综合考虑股东利益、债权人利益及保险公司的风险控制、合规经营等，所以保险公司治理评价指标不应该局限于净资产收益率等单一财务指标，更要注重保险公司业务经营的稳健性及成长能力等指标。

结合保险公司治理目标的特殊性，本书在选择保险公司治理绩效指标的时候避免了单独选择总资产收益率或净资产收益率等单一财务指标，而是选择了总资产收益率、净资产收益率、原保费收入增长率、自留保费收入增长率、总资产增长率、资产负债率、偿付能力充足率、综合费用率、保费费用率和承保利润率等能较为全面反映保险公司治理绩效的十项指标，构建了我国保险公司经营绩效综合评价体系。并通过因子分析法将上述十项指标综合为了经营效率、成长能力、稳健性和盈利能力等四项综合指标，并以这四项指标对我国保险公司经营绩效进

行综合评价。这一评价体系所得绩效指标避免了单一财务指标的不足,能够更全面地反映保险公司的经营绩效,有利于改变保险公司经营运作仅仅关注短期利益和注重股东利益的现状,能够反映保险公司目前及未来的发展,注重了对除股东外其他利益相关者利益的重视,有利于促进保险业全面、健康、科学、稳健、可持续的发展。

四、保险公司董事会规模对绩效的影响分析

实证结果显示,董事会规模与经营效率、稳健性和盈利能力指标显著负相关,与成长能力呈不显著的负相关关系。保险业因其经营产品多样、地域广泛、资产规模巨大、专业性强等特点,决定了其平均董事会规模较一般公司董事会规模偏大。但是过大的董事会会加大协调沟通成本、成员之间也会因董事会规模的扩大而产生"搭便车"行为,从而降低董事会治理效率。回归表明,董事会规模的增大将会带来经营效率、稳健性和盈利能力指标的降低,同时,对成长能力也具有负面影响。这一结论说明,董事会规模增大不利于董事会决策效率的提升,从而影响成长能力、经营效率、稳健性及盈利能力。

五、保险公司董事会结构对绩效的影响分析

(一)执行董事比例与经营效率、成长能力和稳健性显著负相关

回归显示执行董事比例与经营效率、成长能力及稳健性指标显著负相关,对盈利能力具有不显著的正面影响。目前我国保险公司董事会成员除了少数独立董事之外都来自于股东单位委派,同时管理层也大多来自股东单位委派,而较多的管理者又由董事会成员兼任,因此执行董事比例过高必然更加关注股东尤其是大股东的利益。而目前我国保险公司股权转让行为较为频繁,意味着保险公司股东较为关注短期利益的获取而非长期价值的提升和对除股东外其他利益相关者利益的忽视,所以执行董事比例过高就意味着偏重于对盈利能力的追求,而并非成长性和稳健性等体现其他利益相关者利益的指标。同时,高执行董事比例意味着内部人控制现象严重,将带来绩效的降低。

（二）独立董事比例与经营效率、成长能力、稳健性和盈利能力均显著正相关

保险公司的独立董事大多是来自保险和银行业的专家学者，其拥有丰富的理论，能够为经营决策提供有力的智力支持。所以，独立董事的引入能够使得公司决策更加科学化，能够提供更专业的信息和资讯，能够对经营管理进行监督，与此同时，其作为客观、公正、中立的群体，注重自身信誉，能够更好地维护各利益相关者的利益。结果显示，独立董事比例的提升确实能够促进保险公司绩效的提升。

（三）独立董事任职期限比与稳健性、成长能力正相关

理论上，随着独立董事任职期限的增长，其获得的决策信息将增多，将有利于董事职能的发挥，提升公司绩效。但通过回归发现，独立董事任职期限比对经营效率和盈利能力具有不显著的负相关关系，而对成长能力和稳健性指标具有不显著的正相关关系。之所以如此，其原因一方面可能在于随着独立董事任职期限的增长其独立性将会降低，逐步被管理层所"俘虏"，另一方面在于保险公司总经理等管理人选大多由现有管理阶层中产生，而不是通过经理人市场选聘，独立董事也往往由管理层提名，随着独立董事任职期限的增长相互之间了解的越来越深入，独立董事独立性将会减弱。

（四）一元领导权结构与稳健性、盈利能力显著正相关

总经理和董事长二职合一在我国保险公司是普遍存在的现象。回归显示一元结构与稳健性和盈利能力呈显著正相关，说明了其较为关注自身职业的稳定性，在进行投资决策等时也会更加的谨慎和全面考虑，因为其决策信息的获取不存在障碍。同时，一元结构与经营效率指标具有不显著的正面影响。这些结果说明在一定程度上一元结构有利于目前我国保险公司的发展。但是一元结构也可能因为权力争夺而影响未来成长。

六、保险公司董事会素质对绩效的影响分析

（一）多元化与经营效率显著正相关

董事会性别多元化对公司绩效的影响问题近年来引起了学者们的高度重视，

而且女性董事对绩效的正面影响也得到了多数实证研究的支持。女性董事的引入在理论上可以在一定程度上促进公司治理绩效的提升,我们对保险行业的检验也验证了这一看法,说明女性董事能够更好地发挥战略制定、咨询和监督职能的发挥。

(二)教育背景董事比例与经营效率、成长能力和盈利能力显著正相关

董事会成员受教育程度越高,意味着其在发挥功能时能够借助于更专业知识和技能,董事会决策将会更加科学,将有利于公司经营绩效的提升,回归结果基本证实了我们的观点。

(三)金融背景董事比例与经营效率、成长能力和稳健性显著负相关

我国保险公司成立的背景决定了董事会成员大多具有金融从业背景,但是金融背景董事会成员比例过高且均是由股东单位委派,同时,金融背景董事成员的固有追求为盈利能力最大化,与保险公司治理目标存在不一致性,结果是金融背景董事会成员比例与除盈利能力外的绩效指标均呈显著的负相关。

(四)精算背景董事比例与稳健性显著正相关,与盈利能力显著负相关

精算关系一家保险公司的稳定和长远发展,是保险公司中最具专业性的岗位,对保险公司风险控制具有极为重要的作用。实证结果显示,精算背景成员比例的提升有利于保险公司的稳健发展,对稳健性具有显著的正面影响,而对盈利能力有显著的负面作用则意味着精算背景董事比例的提升有利于对保险公司经营风险的控制,维护了其他利益相关者利益。

第二节　政策建议

公司治理是现代企业制度的核心,董事会是公司治理的核心。完善公司治理是一个长期且极为错综复杂的过程,不可能一蹴而就。结合实证结果,本书建议从以下方面逐步改进并完善我国保险公司董事会治理建设。

一、确定合适的董事会规模

保险业经营具有资产规模大、险种多、地域广、专业强、风险大等特点,决

定了保险公司较一般公司需要具备规模较大的董事会才能够胜任。但回归结果显示，大规模的董事会与各项绩效指标显著负相关，意味着董事会规模的增大将带来公司各项绩效的降低，所以保险公司应该适度降低董事会规模，从而提升公司绩效。因此，对于一些董事会规模大的保险公司要适度缩小董事会规模，而同时一些规模小、存续时间短的保险公司董事会规模不合理，其规模仅仅是为了满足我国相关法律法规的要求而已，致使一些董事成员身兼数个专业委员会职务，鉴于董事本人时间、精力及专业的限制，身兼数个专业委员会主席或委员的董事会专业委员会形同虚设、有名无实，难以发挥董事会成员应有的职能，所以对这些公司要逐步增大董事会规模。而需要注意的是，在进行保险公司董事会规模确定的时候要充分考虑保险公司特殊性及自身发展阶段和状况等具体问题具体分析，设定最优的董事会规模而不是一味的减少董事会规模。

二、减少执行董事比例，优化董事会结构

执行董事虽然具有公司经营、管理等方面的信息优势，但是因为执行董事绝大部分为大股东代表，所以其在进行决策时会注重于股东利益而忽视其他核心利益相关者的利益，而监督职能是董事会的重要职能之一，期望执行董事实施良好的自我监督其效果可想而知，同时执行董事比例过高有可能强化"内部人控制"。关于执行董事比例与公司绩效的回归显示执行董事比例对经营效率、成长能力和稳健性等三项绩效指标均有负面影响，仅对盈利能力具有正面影响，这再次证明了执行董事比例过高将带来公司绩效的下降，所以对于目前阶段，保险公司董事会治理完善的一个重要措施是减少执行董事比例，优化董事会结构，使得公司在决策时更好地照顾除股东之外的其他核心利益相关者的利益。

三、提升独立董事比例，确保独立董事独立地位

设立独立董事的目的是为了对公司战略、决策和运作发表更加客观、公正、独立的观点，维护各利益相关者的利益。保险行业因为资本结构、产品、契约等特殊性决定了对保险业监督的重要性，因此在保险业中引入独立董事，并不断提升独立董事所占的比例能够更好地为公司决策服务、对经营管理实施监督。回归

结果显示，独立董事比例与经营效率、成长能力、稳健性和盈利能力等所有绩效指标均显著正相关，说明独立董事在保险业发展中切实发挥了重要的作用，保证了经营决策的科学性和有效性，维护了股东和其他利益相关者的利益。而目前我国众多保险公司独立董事占比过低，甚至部分保险公司并没有聘请独立董事，一些保险公司的独立董事不满足保监会相关规章制度的要求。因此，在我国保险公司中应该积极引进独立董事，提升独立董事比例，以此提升我国保险公司经营绩效。

独立董事任职期限的增长，意味着独立董事能够获得更多的关于经营决策所需要的信息，更好地履行独立董事职能。关于独立董事任职期限比与绩效的关系回归中，仅发现其与稳健性指标显著正相关。这一回归结果说明随着独立董事任职期限的增长虽然其能够继续维持其他利益相关者的利益，但是其在其他决策方面的优势却有所丧失，说明其有可能逐步失去独立性，而被管理层"俘虏"，所以正如我国保监会对独立董事任职期限不超过 6 年的规定，应该防止独立董事在一家保险公司任职期限过长，确保独立董事的独立性。

四、目前阶段应适度保持两职合一的领导权结构

在我国，无论规模巨大的还是较小的保险公司，两职合一的领导权结构普遍存在。实证检验发现，两职合一有利于稳健性和盈利能力的提升，这说明两职合一较适合我国保险业目前发展阶段的需求。虽然有学者认为两职分离可以更好地实现制衡，但是国外之所以采取两职分离的背景与中国存在一定差异，在我国，两职分离的最终结果会形成势力格局、各管一块，不利于工作的顺利开展。所以，我们认为两职合一较为适合我国保险公司目前发展阶段的需求，但是我们并不否认随着市场化资源配置决定作用的加强，及保险公司内外各项治理机制的完善，两职分离的重要作用将会逐步显现。

五、着力董事会专业化建设

保险业是人力资本密集型行业，专业性强。保险产品的设计涉及金融、精算、法律、医学等众多专业；保险公司的运营关系市场、利率、汇率、信用、流动性、

操作及战略等众多风险；保险公司经营管理不但要关注眼前市场，更要关注数十年之后对契约的责任，等等，这些都决定了保险公司董事会要更加专业。保险董事会人员不仅要具有丰富的经营管理经验，还要具有产品开发、资金运作、风险控制等多方面的专业化知识，只有如此才能为保险公司的长远发展出谋划策，才能实现保险公司集约化管理，专业化经营。回归结果显示，金融背景董事比例过高的现状并不利于保险公司各项绩效指标的提升，而精算背景董事比例的提升将能够切实维护其他利益相关者的利益。回归结果显示了保险公司董事会对专业性人才的需求，只有高度专业化且结构合理的董事会才能保证保险公司科学健康长远的发展。

加强董事会专业化建设的另一个关键在于设立董事会专业委员会。通过专业委员会实现董事会的科学决策、运营监督及权利制衡作用。保险公司经营与治理拥有较多自身特殊性，且利益相关者之间利益冲突相互转化，因此，更加需要各委员会的设立与职能的有效发挥。目前我国保监会法规要求，股份制保险公司至少要设立审计委员会和提名薪酬委员会，这只是最基本的要求。在此基础之上，建议各公司要设立风险管理、投资决策、战略等几个关系公司稳定与长远发展的专业委员会，同时建议各公司设立执行委员会以保证董事会各项决策能够得以贯彻执行。董事会要明确专业委员会的基本规则、人员构成，确保各委员会能够高效地履行职能。同时，专业委员会要各司其职，按照议事规则，标准化且独立的进行运作，全程全面深入地参与到公司的战略制定、资金运作、经营管理、审计监督、薪酬设计等重要工作，切实提升决策效率，切实关注公司长远发展，切实维护公司股东和广大债权人的利益，保证公司稳健健康发展。

六、打造高学历的董事会团队

硕士、博士教育背景与成长能力、盈利能力呈正相关，说明高学历有利于保险公司绩效的提升。高学历意味着专业化能力的增强，同时高学历人群也较注重维护自身的形象、关注自身未来价值，因此其能够以认真的态度履行赋予自身的董事职责，从而带来公司绩效的提升。从关于董事会特征的描述性统计中，我们已经看到了目前我国保险公司董事会成员教育程度较好，相信进一步提升董事会成员的教育程度并结合从业经历的不断提升，保险各公司的治理绩效将会获得进一步的增长。

七、加大女性董事比例，构建多元化董事会

女性董事具有敢于质疑、发表自己独立意见而不被别人左右的特质，一些学者在研究董事会特征与公司绩效关系时也证实了这一观点。提升保险公司董事会女性董事比例，不但有利于经营效率、盈利能力的提升，维护股东的利益，而且有利于稳健性和成长能力的提升，从而也维护了除股东外其他利益相关者的利益，所以在保险公司中增加女性董事的比例将有利于保险公司各项绩效指标的提升。

八、积极培育保险业独立董事人才库和保险业独立董事协会

关于独立董事选聘机制及来源是学术界一直关注的焦点。目前，我国保险业董事会成员基本都是由各股东单位委派，而如此产生的董事可能对保险公司运作并不熟悉，从而对其个人才能的发挥、董事职责的履行都会产生不利的影响。保险公司如何选聘出合适的独立董事更是关系到广大债权人的长远利益，众多学者提议客户代表参与到董事会并进行公司治理，但是对目前我国保险公司经营实际较为难以实现，不但是产生机制难以制定，而且也难以保证如此产生的独立董事能确保其独立性，因为大多独立董事是由大股东提名产生，而在这一提名过程中其独立性将有所丧失。

随着我国保险市场逐步走向成熟、竞争程度趋于激烈，市场在资源配置中的决定性作用日益明显，亟须保险业进一步增大独立董事的比例。因此，保险业对高级经营管理人才、董事会成员的需求及要求会逐渐提高。为了实现保险业健康可持续的发展，国家应考虑建立保险业独立董事人才库及保险业独立董事协会，选择德才兼备的人才作为独立董事候选人，并建立有效的激励机制，各家保险公司独立董事人员由协会根据公司需求和实际进行委派，如此产生的独立董事不但能够更好地代表国家及广大债权人等核心利益相关者的利益，而且有利于保险监管部门对保险公司的经营运作获取更多的信息，从而更好地对我国保险业未来发展提供良好的市场环境和制度环境，也能更好地发挥独立董事客观、公正、独立的本质职能，促进保险业科学健康可持续的发展。同时，应积极培育保险行业经理人市场为保险公司提供专业化的经理人才。各家保险公司也要放开思维，积极主动的借助于经理人市场选聘满足自身需求的人才，实现专业化经营，提升保险

公司经营绩效。

根据回归结果，本书认为保险公司在进行董事会建设的同时，股权结构也要从以下几个方面进行完善：

首先，逐步减少第一大股东的持股比例，强化保险公司股权制衡度。根据回归结果，目前我国保险公司中第一大股东持股比例过高从而不利于我国保险公司绩效的提升，第一大股东往往会为了追求其自身目标而不顾及保险公司治理目标，从而损害其他利益相关者的利益，而第一大股东甚至是控股股东是我国保险业的普遍现象。因此，在保险公司股权结构调整中，要逐步减少第一大股东持股比例，更好地实现保险公司股权制衡，提升公司经营绩效。

其次，"混合所有制"应该是我国保险公司未来发展方向的一个优化股权结构，合理调整各类性质股权比例，充分调动各股权主体的活力，实现上述目的的最根本途径即是在保险业大力发展"混合所有制"。

最后，构筑"核心股东"，关注保险公司长远发展。回归结果显示，第一大股东持股比例的提升不利于提升保险公司绩效，表明目前我国保险公司股东仅仅关注短期收益而忽视保险公司的稳健经营、长期发展，这一点也印证了我国保险公司存在较多股权转让现象的原因所在。因此，保险公司要关注对"核心股东"的构筑，改变"短视效应"，关注公司的长远发展和价值提升。

第三节　研究展望

保险业在经济发展中所起到的保驾护航作用将日益重要，但现代保险公司制度我国保险公司治理中过去较长的时间内并没有站稳脚跟，因此，如何建立完善的现代保险公司制度应引起理论界和实务界的高度重视。

本书结合保险业的特殊性，从理论的角度分析了保险业特殊性所可能带来的保险公司治理特殊性，保险业的特殊性不但带来众多的治理风险，而且也将导致各利益相关者之间的利益冲突将会发生转化，传统的各项治理机制功能的发挥也将与一般公司有所不同。本书认为保险公司治理在治理目标、治理主体、治理结构、治理机制、治理评价等众多方面均存在特殊性。其次，提出了我国保险公司治理绩效评价体系，并运用因子分析法对我国保险公司治理绩效从多个方面展开了分析评价；在此基础之上，结合我国保险业面板数据对保险公司董事会特征与公司绩效的关系展开了实证分析，并得出了相关结论，并给出了完善我国保险公司治理的政策建议。通过本书的研究，在理论上完善了我国保险公司治理理论体系，为我国保险公司治理的实践提供了理论和实证支持。但是，本书的研究还存在众多的不足和未完成的地方，可以在未来继续进行研究。

第一，保险公司绩效评价体系的完善。本书提出的保险公司绩效评价体系，虽然相对于目前大多学者仅仅选择财务指标作为保险公司绩效的指标有较大的改进，能够更好、更全面地反映保险公司的综合绩效，但是这一指标体系的建立过于简单，对保险公司治理内在错综复杂的关系未能全面展现，所以，开展保险公司治理，需要进一步优化设计、不断完善并以实践效果来检验保险公司绩效指标评价体系。

第二，不断加入新的解释变量。本书研究限于目前数据的有限性，只是检验了保险公司董事会部分特征对公司绩效的影响，而对于如高管薪酬待遇、董事会及股东会会议频率、专业委员会数量、股权结构及转移、信息披露等解释变量并没有进行实证检验，随着保险公司信息披露的加强，建议将上述变量加入模型并进行实证研究。

第三，鉴于本人能力、数据的限制，本书只是借用了2010—2013年的数据，面板时间较短，对回归结果会有一定的影响。本书只是对我国保险公司进行了初步的实证分析，并未有对如何完善保险公司治理提出非常具体的系统方案，需要在未来的研究中不断完善。

第四节　本章小结

本章对本书的研究结论加以归纳，主要结论体现在六个方面。在实证检验的基础之上，本书提出确定合适的保险公司董事会规模，减少执行董事比例，优化董事会结构；提升保险公司独立董事比例，确保独立董事独立地位；现阶段适度保持两职合一的领导权结构；着力保险公司董事会专业化建设；构建多元化的董事会队伍；打造高学历的董事会团队和积极培育保险行业独立董事人才库和独立董事协会等政策建议，为我国保险公司董事会建设提供了思路和方向。在本章的最后，指出了本书研究的不足，为下一阶段进一步的研究指明了方向。

参考文献

奥尔森，2011. 集体行动的逻辑 [M]. 陈郁，郭宇峰，李崇新，译. 上海：格致出版社，上海三联出版社，上海人民出版社：2–26.

白重恩，刘俏，陆洲，等，2005. 中国上市公司治理结构的实证研究 [J]. 经济研究（2）：81–91.

宝彦，1983. 中国人民保险公司董事会、监事会成立 [J]. 中国金融（10）：51.

贝恩布里奇，2012. 理论与实践中的新公司治理模式 [M]. 赵渊，译. 北京：法律出版社：10.

伯南克，2014. 金融的本质 [M]. 巴曙松，陈剑，译. 北京：中信出版社：76.

伯利，米恩斯，1932. 现代公司与私有财产 [M]. 甘华鸣，罗瑞钘，蔡如海，译. 北京：商务印书馆，2007：79.

布莱尔，1995. 所有权与控制：面向 21 世纪的公司治理探索 [M]. 张荣刚，译. 北京：中国社会科学出版社，1999.

蔡莉莉，黄斌，2006. 论保险公司的"共同治理"与政府角色的发挥 [J]. 武汉大学学报（2）：175–179.

陈彬，2011. 保险公司治理对企业绩效影响的实证研究 [D]. 上海：复旦大学：83–86.

陈彬，邓霆，2013. 公司治理对保险公司绩效影响的实证检验——以 24 家中资财产保险公司为例 [J]. 社会保障研究（1）：104–112.

陈宏辉，贾生华，2002. 信息获取，效率替代与董事会职能的改进———个关于独立董事作用的假说性诠释及其应用 [J]. 中国工业经济（2）：79–85.

陈文辉. 中国寿险业经营规律研究——费用，盈亏平衡，资本需求 [M]. 中国财政经济出版社，2008.

陈仲常，刘佳，林川，2009. 公司业绩的实证分析 [J]. 经济与管理研究（11）：43–48.

丛春霞，2004.我国上市公司董事会设置与公司经营业绩的实证研究 [J].管理世界（11）：142–143.

党文娟，2010.独立董事制度、治理行为与激励机制研究 [M].北京：中国社会科学出版社.

德姆塞茨，莱恩，2006.公司所有权的结构 [M]// 陈郁.所有权，控制权与激励——代理经济学文选.上海：上海三联书店，上海人民出版社：277–306.

邓峰，2011.董事会制度的起源、演进与中国的学习 [J].中国社会科学（1）：164–177.

邓汉慧，赵曼，2008.企业核心利益相关者共同治理：公司治理新思维 [J].湖北社会科学（7）：75–81.

丁忠明，2009.中国公司董事会治理研究 [M].合肥：合肥工业大学出版社：222.

段从清，2004.独立董事制度研究 [M].北京：人民出版社.

菲吕博顿，瑞切特，1998.新制度经济学 [M].孙经纬，译.上海：上海财经出版社.

弗里德曼，2009.资本主义与自由 [M].张瑞玉，译.北京：商务印书馆.

高明华，马守莉，2002.独立董事制度与公司绩效关系的实证分析——兼论中国独立董事有效行权的制度环境 [J].南开经济研究（2）：64–68.

高学哲，高顺成，2006.中国上市公司董事会效率的实证研究 [J].云南社会科学（2）：65–69.

戈登 N，罗 J，2006.公司治理：趋同与存续 [M].赵玲，刘凯，译.北京：北京大学出版社：39.

格尔根，2014.公司治理 [M].王世权，杨倩，侯君，译.北京：机械工业出版社.

龚辉峰，2011.上市公司董事会特征与公司绩效的关系研究 [J].重庆工商大学学报（社会科学版）（8）：17–26.

谷祺，于东智，2001.公司治理，董事会行为与经营绩效 [J].财经问题研究（1）：58–65.

郭晓辉，杨明亮，陈敏，2006.我国保险公司治理模式的选择 [J].当代经济科学（1）：122–123.

郝臣，李慧聪，罗胜，2011.保险公司治理研究：进展、框架与展望 [J].保险研究（11）：119–127.

郝云宏，周翼翔，2010.董事会结构，公司治理与绩效——基于动态内生性视角的经验证据 [J].中国工业经济（5）：110–120.

何廷玲，2006.我国上市公司独立董事制度研究 [M].重庆：西南师范大学出版社.

何卫东，张嘉颖. 所有权结构、资本结构、董事会治理与公司价值 [J]. 南开管理评论，2002（2）：17–20.

洪正，2010. 商业银行公司治理特殊性研究 [M]. 北京：中国金融出版社：44.

胡勤勤，沈艺峰，2002. 独立外部董事能否提高上市公司的经营业绩 [J]. 世界经济（7）：55–62.

贾生华，陈宏辉，2002. 利益相关者的界定方法评述 [J]. 外国经济与管理（5）：80–90.

江生忠，邵全权. 论保险公司若干问题的特殊性 [J]. 保险研究，2005（5）：10–16.

剧锦文，2008. 公司治理理论的比较分析——兼析三个治理理论的异同 [J]. 宏观经济研究（6）：20–28.

科伊尔，2007. 公司治理手册 [M]. 周清杰，译. 北京：中国财政经济出版社.

克拉克曼，汉斯曼，阿莫，等，2009. 公司法剖析：比较与功能的视角（第二版）[M]. 罗培新，译. 北京：法律出版社，2012.

兰玉杰，韩志勇，2007. 我国高科技上市公司董事会特征与绩效关系的实证研究 [J]. 经济体制社会比较（双月刊）（5）：137–140.

郎咸平，2004. 公司治理 [M]. 易宪容，译. 北京：社会科学文献出版社，2004：311.

李彬，张俊瑞，马晨，2013. 董事会特征、财务重述与公司价值——基于会计差错发生期的分析 [J]. 当代经济科学（1）：110–117.

李常青，赖建清，2004. 董事会特征影响公司绩效吗？[J]. 金融研究（5）：64–77.

李红坤，张笑玎，2010. 保险产品市场竞争，公司治理与绩效实证分析 [J]. 金融发展研究（6）：7–12.

李琼，苏恒轩，2003. 论国有独资保险公司的治理结构 [J]. 保险研究（4）：10–12.

李维安，2009. 演进中的中国公司治理：从行政型治理到经济型治理 [J]. 南开管理评论（1）：1.

李维安，曹廷求，2005. 商业银行公司治理——基于商业银行特殊性的研究 [J]. 南开学报（1）：83–89.

李维安，郝臣，2009. 金融机构治理及一般框架研究 [J]. 农村金融研究（4）：4–13.

李维安，李慧聪，郝臣，2012. 保险公司治理、偿付能力与利益相关者保护 [J]. 中国软科学（8）：35–44.

李维安，王世权，2007. 利益相关者治理理论研究脉络及其进展探析 [J]. 外国经济与管理（4）：

10–17.

李维安，张俊喜，2003.公司治理前沿（经典篇）[M].北京：中国财政经济出版社：37.

李燕媛，刘晴晴，2012.中国独立董事制度的有效性：基于应于管理维度的评价与建议 [J]. 经济与管理研究（11）：29–36.

李扬，陈文辉，2006.国际保险监管核心原则——理念、规则及中国实践 [M].北京：经济管理出版社：114.

李有根，赵西萍，2004.大股东股权、经理自主权与公司绩效 [J].中国软科学（4）：86–92.

李有根，赵西萍，李怀祖.上市公司的董事会构成和公司绩效研究 [J].中国工业经济，2001（5）：48–53.

廖洪，2003.我国独立董事激励机制研究 [J].财政监督（9）：51–53.

刘浩，唐松，楼俊，2012.独立董事：监督还是咨询？——银行背景独立董事对企业信贷融资影响研究 [J].管理世界（1）：141–156.

刘俊，2005.保险公司治理结构如何完善 [N].经济日报，2005–09–22（5）.

刘丽，2012.董事会特征与公司绩效——对中国钢铁行业上市公司的经验分析 [M].北京：经济管理出版社：103.

刘美玉，2008.基于利益相关者共同治理的保险公司治理研究 [J].保险研究（9）：7–12.

刘素春，2010.保险公司治理的特殊性研究——基于利益相关者理论 [J].保险研究（5）：84–89.

娄芳，原红旗，2002.独立董事制度：西方的研究和中国实践中的问题 [J].改革（2）：51–57.

罗忠敏，王力，2013.中国保险业竞争力报告（2012—2013）——转型的艰难起步 [M].北京：社会科学文献出版社：70–73.

马兆平，杨汉明，2002.独立董事引入后董事间的冲突变化 [J].中国工业经济（12）：81–86.

孟龙，2009.国际视野与中国保险问题（第一辑）[M].北京：中国财政经济出版社：29.

宁向东，2006.公司治理理论 [M].北京：中国发展出版社.

牛建波，李胜楠，2007.控股股东两权偏离、董事会行为与企业价值——基于中国民营上市公司面板数据的比较研究 [J].南开管理评论（10）：31–37.

蒲自立，刘芍佳，2004.公司控制中的董事会领导结构和公司绩效 [J].管理世界（9）：117–122.

钱维章，何唐兵，2003.论保险公司的治理结构建设 [J].保险研究（10）：19-20.

青木昌彦，奥野正宽，1999.经济体制的比较制度分析（中译本）[M].北京：中国发展出版社.

青木昌彦，钱颖一，1995.转轨经济中的公司治理结构：内部人控制和银行的作用 [M].北京：
中国经济出版社：133.

邱艾超，罗胜，2010.从行政型治理到经济型治理 [J].保险研究（1）：43-46.

沈蕾，2009.我国保险公司治理研究 [J].江西金融职工大学学报（6）：32-36.

沈艺峰，张俊生，2002.ST公司董事会治理失败若干成因分析 [J].证券市场导报（3）：21-25.

宋增基，陈全，张宗益，2007.上市公司董事会治理与银行绩效 [J].金融论坛（5）：35-40.

孙祁祥，2013.保险学 [M].北京：北京大学出版社.

孙祁祥，郑伟，等，2007.经济社会发展视角下的中国保险业——评价，问题与前景 [M].北京：
经济科学出版社.

孙祁祥，郑伟，等，2009.保险制度与市场经济——历史，理论与实证分析 [M].北京：经济科
学出版社：2.

孙蓉，王超，2013.我国保险公司经营绩效综合评价 [J].保险研究（1）：49-57.

孙永祥，2002.公司治理结构：理论与实证研究 [M].上海：上海三联书店，上海人民出版社.

孙永祥，2001.所有权、融资结构与公司治理机制 [J].经济研究（1）：45-53.

孙永祥，章融，2002.董事会规模、公司治理与绩效 [J].企业经济（10）：10-13.

孙铮，姜秀华，任强，2002.治理结构与公司绩效的相关性研究 [J].财经研究（4）：3-8.

谭劲松，2003.独立董事"独立性"研究 [J].中国工业经济（10）：64-73.

唐清泉，罗党论，2006.设立独立董事的效果分析——来自中国上市公司独立董事的问卷调查 [J].
中国工业经济（1）：120-127.

唐清泉，罗党论，张学勤，2005.独立董事职业背景与公司业绩关系的实证分析 [J].当代经济
管理（2）：97-101.

梯若尔，2007.公司金融理论（上册）[M].王永钦，许海波，佟珺，孟大文，译.北京：中国
人民大学出版社：74-75.

田新民，李晓宇，2013.从微观视角分析保险业经营效率 [J].经济与管理研究（4）：88-94.

王艾青，王涛，2009.上市公司董事会特征对公司绩效的影响分析 [J]. 技术经济与管理研究
（3）：6–9.

王洪栋，2003.保险监管与保险公司治理理念 [J]. 中国保险管理干部学院学报（2）：15–19.

王小平，2006.国外保险公司治理发展的启示 [N]. 金融报，2006–02–11（3）.

王晓英，彭雪梅，2011.国有上市保险公司股权结构对经营绩效的影响研究 [J]. 保险研究（4）：
28–35.

王艳，2013.我国保险公司的治理与风险防范 [J]. 当代经济研究（5）：65–70.

王媛媛，2013.基于利益相关者理论的保险公司共同治理研究 [J]. 哈尔滨师范大学社会科学学
报（3）：44–46.

王跃堂，赵子夜，魏晓雁，2006.董事会的独立性是否影响公司绩效？[J]. 经济研究（5）：
62–73.

威廉姆森，2002.资本主义经济制度——论企业签约与市场签约 [M]. 段毅才，王伟，译 . 北京：
商务印书馆：438–440.

魏刚，肖泽忠，TRAVLOS N，等，2007.独立董事背景与公司经营绩效 [J]. 经济研究（3）：
92–105.

吴定富，2006.我国保险公司治理结构建设的理论与实践 [J]. 中国保险（6）：8–11.

吴洪，2008.保险公司治理模式及其选择 [J]. 上海保险（10）：41–44.

吴淑琨，2002.董事长和总经理两职状态的实证检验 [J]. 证券市场导报（3）：26–30.

吴淑琨，2004.基于股权结构的董事会独立性与公司绩效的实证研究 [J]. 西安交通大学学报（社
会科学版）（3）：17–24.

吴淑琨，柏杰，席酉民，1998.董事长与总经理两职的分离和合一 [J]. 经济研究（8）：21–28.

吴淑琨，刘忠明，范建强，2001.非执行董事与公司绩效的实证研究 [J]. 中国工业经济（9）：
69–76.

夏喆，靳龙，2013.公司治理机制对我国保险业风险与绩效的影响——基于我国保险行业 2011
年截面数据 [J]. 保险研究（3）：16–23.

向锐，冯建，2008.董事会特征与公司经营绩效的关系 [J]. 财经科学（11）：91–99.

谢金玉，2007.我国保险公司治理模式研究 [J]. 保险研究（7）：61–64.

谢晓霞，邓路，马婧，2011. 保险公司治理结构与资本结构研究 [J]. 保险研究（12）：97–101.

谢晓霞，李进，2009. 股权结构，董事会特征与业绩研究——中国保险公司治理结构分析 [J]. 保险研究（8）：90–95.

谢永珍，2006. 董事会治理评价研究 [M]. 北京：高等教育出版社.

徐国祥，李宇海，王博，2008. 我国保险公司经营状况综合评价研究 [J]. 统计研究（4）.

斯密，1974. 国民财富的性质和原因的研究（下）[M]. 郭大力，王亚南，译. 北京：商务印书馆：303.

阎建军，2006. 中国保险公司治理研究：基于知识和创新的视角 [J]. 财贸经济（9）：63–69.

杨典，2013. 公司治理与企业绩效——基于中国经验的社会学分析 [J]. 中国社会科学（1）：72–94.

杨雁，2013. 上市商业银行高管薪酬与经营业绩关系研究——基于 9 家上市商业银行 2008 至 2012 年的面板数据 [J]. 当代经济科学（6）：62–66.

叶康涛，陆正飞，张志华，2007. 独立董事能否抑制大股东的"掏空"？ [J]. 经济研究（4）：101–111.

叶康涛，祝继高，陆正飞，等，2011. 独立董事的独立性：基于董事会投票的证据 [J]. 经济研究（1）：126–139.

游桂云，孙旭峰，2007. 基于保险公司经营和治理的独特性引发的思考 [J]. 济南金融（8）66–68.

于东智，2003. 董事会、公司治理与绩效——对中国上市公司的经验分析 [J]. 中国社会科学（3）：29–41.

于东智，池国华，2004. 董事会规模，稳定性与公司绩效：理论与经验分析 [J]. 经济研究（4）70–79.

于东智，王化成，2003. 独立董事与公司治理：理论，经验与实践 [J]. 会计研究（8）：8–13.

于晓红，赵岩，2012. 金融业上市公司董事会特征与绩效关系研究 [J]. 社会科学战线（8）：260–261.

余兰，2009. 我国保险公司治理模式的研究 [J]. 湖北工业大学学报（6）：61–63.

余明桂，夏新平，章卫东，2003. 董事会结构与企业绩效关系的研究综述及启示 [J]. 当代财经（9）：68–71.

袁成，2011. 优化我国保险公司治理结构的策略研究 [J]. 上海保险（1）：36–38.

张国源，2009. 董事会会议频率与公司业绩相互关系的实证研究 [J]. 消费导刊（10）：47–48.

张琨，杨丹，2013. 董事会性别结构、市场环境与企业绩效 [J]. 南京大学学报（哲学·人文科学·社会科学）（5）：42–52.

张良，王平，毛道维，2010. 股权集中度、股权制衡度对企业绩效的影响 [J]. 统计与决策（7）.

张为，2010. 上市公司董事会特征对公司绩效影响的分析 [J]. 财务与金融（2）：93–95.

张维功，2005. 健全治理结构 提高保险公司竞争力 [J]. 保险研究（10）：33–35.

张维迎，2014. 理解公司：产权、激励与治理 [M]. 上海：世纪出版集团，上海人民出版社.

张显球，2010. 董事会制度：理论研究及基于上市银行的实证分析 [M]. 北京：中国金融出版社：156.

张扬，郝臣，李慧聪，2012. 国外保险公司治理研究：主题、逻辑与展望 [J]. 保险研究（10）：86–94.

张扬，郝臣，李慧聪，等，2012. 保险公司治理特殊性分析——三家上市保险公司的案例研究 [J]. 管理案例研究与评论（4）：265–276.

赵立新，汤欣，邓舸，2010. 走出困境：独立董事的角色定位、职责与责任 [M]. 北京：法律出版社.

郑飞虎，2010. 保险公司治理研究 [M]. 北京：中国法制出版社：148.

郑立东，程小可，姚立杰，2013. 独立董事背景特征与企业投资效率——"帮助之手"抑或"抑制之手"？[J]. 经济与管理研究（8）：5–14.

郑志刚，2007. 法律制度外的公司治理角色——一个文献综述 [J]. 管理世界（9）：136–147.

中国保险学会，《中国保险史》编审委员会，1998. 中国保险史 [M]. 北京：中国金融出版社.

吴定富，2004. 中国保险业发展改革报告（1979—2003）[M]. 北京：中国经济出版社.

钟田丽，贾立恒，杜淑洁，2005. 独立董事比例与上市公司自愿披露程度的相关性 [J]. 东北财经大学学报（自然科学版）（8）：809–812.

仲继银，1998. 董事会与公司治理 [M]. 北京：中国发展出版社.

卓志，等，2014. 保险理论与案例分析 [M]. 重庆：西南财经大学出版社：17.

ADAMS R B，ALEIDA H，FERREIRA D，2005.Powerful CEOs and THeir Impact on Corporate

Performance[J].Review of Financial Studies，18（4）：1403–1432.

AGRAWAL A，KNOEBER C R，1996. Firm Performance and Mechanisms to ControlAgency Problems Between Managemers and Shareholders[J].Journal of Financial and Quantitative Analysis，31（3）：377–397.

ALCHAIN A，WOODWARD S，1987.Reflections on the Theory of the Firms[J].Journal of Institutional & Theoretical Economics，143（1）：110–136.

BAYSINGER B， HOSKISSON R E，1990.The Composition of Boards of Directors and Strategic Control： Effects on Corporate Strategy[J].Academy of Management Review，15（1）：72–78.

BAYSINGER B，BULTER H N，1985.Corporate governance and the board of directors：Performance effects of changes in board composition[J]. Journal of law， Economics and organizations，1：101–124.

BEASLEY T，PRAT A，2006.Handcuffs for the Grabbing Hand? Media Capture and Government Accountability[J].American Economic Review，96（3）：720–736.

BHAGAT S，BLACK B，2002.The non–correlationbetween board independence and long–term firm performance[J].Journal of Corporation Law，27（2）：231–274.

BOROKHOVICH，KENNETH A，PARRINO R，et al，1996.Outside Directors and CEO Selection，The Journal of Financial and Quantitative Analysis，31（3）：337–355.

BOUBAKRI N，DIONNE G，TRIKI T，2008.Consolidation and Value Creation in the Insurance Industry：The Role of Governance[J].Journal of Banking and Finance，32（1）：56–68.

BOYD B K，1994.Board Control and CEO Compensation[J].Strategic Management Journal，15（5）：335–344.

BRICK I E，CHIDAMBARAN N K，2008.Board monitoring， firm risk， and external regulation[J].Journal of Regulatory Economics，33（1）：87–116.

BRICKLEY J A， COLES J L，TERRY R L，1994.Outside directors and adoption of poison pills[J].Journal of Financial Economics，35：371–390.

BURKART M，GROMB D，PANUNZ F，et al，1997.Large shareholders， monitoring and the value of the firm[J].The Quarterly Journal of Economics，112（3）：693–728.

BYRDJ W, HICKMAN K A, 1992.Do outside directors monitor managers? Evidence from tender offer bids[J].Journal of Financial Economics, 32: 195–207.

BRICKLEY J A, COLES J L, JARRELL G, et al, 1997.Leadership Structure: Separating the CEO and Chairman of the Board[J].Journal of Corporate Finance, 3（3）: 189–220.

COLES J L, DANIEL N D, NAVEEN L, 2008.Boards: Does one Size Fit All?[J].Journal of Financial Economics, 87: 329–356.

CORDEIRO J, VELIYATH R, ERAMUS E, 2000.An empirical investigation of the determinants of outside director compensation[J].Corporate governance: An international review, 8（3）: 268–279.

DAHYA J, MCCONNELL J J, 2007.Board Composition, Corporate Performance, and the Cadbury Committee Recommendation[J].Journal of Financial and QuantitativeAnalysis, 43（3）: 535–564.

DE ANDRES P, AZOFRA V, LOPEZ F, 2005.Corporate Boards in OECD Countries: Size, Composition, Functioning, and Effectiveness[J].Corporate Governance: An International Review, 13（2）: 197–210.

DECHOW P M, SLOAN R G, SWEENEY A P, 1996. Causes and Consequences of Earnings Manipulation: An Analysis of Firms Subject to Enforcement Actions by the SEC[J].Contemporary Accounting Research, 13（1）: 1–36.

DENIS D, DENIS D K, 1995.Performance changes following Top–management dismissals[J].Journal of Finance, 50: 1029–1057.

DENIS D J, SARIN A, 1999.Ownership and board structure in publicly traded corporations[J].Journal of Financial Economics, 52: 187–223.

DICON S R, O' SULLIVAN N, 1995.Does Corporate Governance Influence Performance? Some Evidence From UK Insurance Companies[J].International Review of Law and Economics, 15: 405–424.

DONALDSON L, DAVIS J H, 1994.Boards and company performance–research challenges the conventional wisdom[J].Corporate Governance: An international Review, 2（3）: 151–160.

EISENBERGER T, SUNDGREN S, WELLS M T, 1998.Larger Board Size and Decreasing Firm

Value in Small Firms[J].Journal of Financial Economics, 48：35-54.

ELIEZER MFICH, 2005.Are Some Outside Directors Better than Others? Evidence from Director Appoint[J].The Journal of Business, 78（5）：1943-1972.

FAMA E F, JENSEN M C, 1983.Separation of ownership and control[J].Journal of Law and Economics, 25：327-349, 26（2）：301-325.

FREEMAN R E, REEDDL, 1983. Stockholders and Stakeholders： A new perspective on corporate governance[J]. California Management Review, 25（3）：88-106.

FOSBERG R, 1989.Outside directors and managerial monitoring[J].Akron Business and Economic Review, 20：24-32.

GALAI D, MASULIS R W, 1976. The Option Pricing Model and the Risk Factor of Stock[J].Journal of Financial Economics, 3：53-81.

GARDNER L A, GRACE M F, 1993.X-Efficiency in the US life insurance industry[J].Jounal of Banking &Finance, 17（2-3）：497-510.

GEDDES R R, VINOD H D, 1997.CEO age and outside directors：A hazard analysis[J].Review of Industrial Organization, 12：767-780.

GERNTER R, KAPLAN S, 1996.The Value-Maximizing Board[R].University of Chicago and NBER, Working Paper.

HARDWICK P, ADAMS M B, 2003.Corporate Governance and Cost Efficiency in the United Kingdom Life Insurance Industry[M].European Business Management School, University of Wales, Swansea.

HART O, 1995.Corporate Governance： Some Theory and Complications[J].The Economic Journal,（5）：678-689.

HE E, Sommer D W, 2010.Sepration of Ownership and Control： Implications of Board Composition[J].The Journal of Risk and Insurance, 77（2）：265-295.

HE E, SOMMER D W, XIE X Y, 2011.The Impact of CEO Turnover on Property‐Liability Insurer Performance[J].Journal of Risk and Insurance, 78（3）：583-608.

HERMALIN B E, WEISBACH M, 1988.The Determinants of Board Composition[J].Rand Journal of Economics, 19（4）：589-606.

HERMALIN B E , WEISBACH M, 1998.Endogenously Chosen Boards if directors and Their Monitoring of Management[J].American Economic Review, 88: 96-118.

HERMALIN, WEISBACH, 1991.The effects of board composition and direct incentives on firm performance[J].Financial Management, 4: 101-112.

HIGGS, DEREK, 2003.Review of the role and effectiveness of non-executive directors[M].London: HM Stationery Office.

HO C L, LAI G C, LEE J P, 2013.Organizational Structure, Board Composition, and Risk Taking in the U.S. Property Casualty Insurance Industry[J].The Journal of Risk and Insurance, 80（1）: 169-203.

HUANGL Y, LAI G C, WEN M M, 2009.The effects of corporate governance and auditor independence on the efficiency performance of the US life insurance industry[R].Working paper.

HUANGLIYING, LAI G C, MCNCMARA M, et al, 2011.Corporate governance and efficiency: evidence from US property-liability insurance industry[J].Journal of Risk and Insurance, 78（3）: 515-550.

IRELAND P, 1999.company law and the myth of shareholder ownership[J].modern law review, 62: 32-57.

JENSEN M C, 1986.Agency costs of free cash flow, Corporate finance, and takeovers[J].American Economic Review, 76（2）: 323-329.

JENSEN M C, MECKLING W H, 1976.Theory of the firm: managerial behavior, agency cost and ownership structure[J].Journal of Financial Economies, 3（4）: 305-360.

JENSEN M, 1993.The modern industrial revolution, exit and the failure of internal control systems[J]. Journal of Finance, 48: 831-880.

JOHNSON J, DAILY C, ELLSTRAND A, 1996.Board of Directors: A Review and Research Agenda[J].Journal of Management, 22（3）: 409-438.

KESNER F I, JOHNSON R B, 1990.An Investigation of the Relationship Between Board Composition and Stockholder Suits[J].Strategic Management Journal, 11（4）: 327-336.

KIEL G, NICHOLSON G, 2003.Board composition and corporate performance: How the Australian

Experience Informs Contrasting Theories of Corporate Governance： An International Review[J]. Corporate Governance, 11（3）: 189–205.

KLEIN A, 1998. Firm Performance and Board Committee Structure[J].Journal of Law and Economics, 41（1）: 275–303.

KOSNIK R D, 1987.Greenmail: A Study of Board Performance and Corporate Governance[J]. Administrative Science Quarterly, 32（2）: 163–185.

LAI Y H, LIN, W C, 2008.Corporate Governance and the Risk–Taking Behavior in the Property/ Liability Insurance Industry[R].Working paper, Taiwan University.

LAI G C, LEE J P, 2011.Organizational Stucture, Corporate Governance and Risk Taking in the U.S. Property/Casualty Insurance Industry[R]. Working Paper, Washington State University.

LA PORTA, LOPEZ–DE–SILANES, SHLEIFER, et al, 1999a. corporate ownership around the world[J].The Journal of Finance, LIV（2）: 471–517.

LA PORTA, LOPEZ–DE–SILANES, SHLEIFER, et al, 1999b. "Investor Protection and Corporate Valuation[R].Working Paper.

LEIBENSTEIN H, 1996.Allocative Efficiency VS "X–efficiency" [J].American Economic Review, 56（1）: 392–416.

LINCK J S, NETTER J M, YANG T, 2008.The Determinants of Board Structure[J].Journal of Financial Economics, 87（2）: 308–328.

LIPTON M, LORSCH J W, 1992.A model proposal for improved corporate governance[J].Business Lawyer, 48（1）: 59–77.

MACCRIMMON K R, WEHRUNG D A, 1990.Characteristics of Risk Taking Executives[J]. Management Science, 36: 422–435.

MACEY J R, O'HARA M, 2003.The Corporate Governance of Banks[J].FRBNY Economic Policy Review, 9（1）: 91–107.

MACHLUP F, 1967.Theories of the firm: Marginalist, Behavioral, Managerial[J].American Economic Review, 57（1）: 1–33.

MALLETTE P, FOWLER K L, 1992.Effects of Board composition and stock ownership on the adoption of poison pills[J].Academy of Management Journal, 35（5）: 1010–1035.

MAUG E, 1997.Board of directors and capital structure. Alternative forms of corporate restructuring[J]. Journal of Corporate Finance, 3（2）: 113–139.

MIZRUCHI M S, 1983.Who controls whom? An examination of the relation between management and board of directors in large American corporations[J].Academy of Management Review, 8（3）: 426–435.

O' SULLIVAN N, Stephen Diacon, 2003.Board Composition and Performance in Life Insurance Companies[J].British Journal of Mangement, 14（2）: 115–129.

PEARCE J A, ZAHRA S A, 1991.The relative power of CEOs and boards of directors: Associations with corporate performance[J].Strategic Management Journal, 12（2）: 135–153.

PENG M W, 2004.Outside directors and firm performance during institutional transitions（in China）[J]. Strategic Management Journal, 25（5）: 453–471.

PFEFFER J, 1972.Size and Coposition of Corporate Boards of Directors: The Organization and its Environment[J].Administrative Science Quarterly, 17（2）: 218–228.

PIL, TIMME S G, 1993.Corporate control and bank efficiency[J].Journal of Banking and Finance, 17 （2–3）: 515–530.

POUND J, 1992.Raiders, targets, and politics: the history and future of American corporate control[J].Journal of Applied Corporate Finance, 5（3）: 6–18.

PROVAN K G, 1980.Board power and organizationaleffectiveness among human service agencies[J]. Academy of Management Journal, 23（2）: 221–236.

RECHNER P L, DAN R D, 1991.CEO Duality and Organizational Performance: A Longitudinal Analysis[J].Strategic Management Journal, 12（2）: 155–160.

COASE R H, et al, 1937.The nature of the firm[J].Economic, 4（16）: 386–405.

ROSENSTEIN S, WYATT J G, 1990.Outside Directors, Board Independence and Shareholder Wealth[J].Journal of Financial Economics, 26（2）: 175–191.

SCHELLENGER M H, WOODDD, TASHAKORIA, 1989.Board of director composition, shareholder wealth, and dividend policy[J].Journal of Management, 15（3）: 457–467.

SHIVDASANIi A，YERMACK D，1999.CEO involvement in the selection of new board members：An empirical analysis[J].The Journal of Finance，54（5）：1829-1853.

SHLEIFER A，VISHNY R，1997.A survey of corporate governance[J].Journal of Finance，52（2）：737-783.

STIGLER G J，1971.The theory of economic regulation[J].Economics and Management Science，2（1）：3-21.

TIROLE J，2001.Corporate Governance[J].Econometrica，69（1）：1-35.

TRICKER R I，1984.Corporate Governance [M].England： Gower Publishing company limited.

VAFEAS N，1999.Board Meeting Frequency and Firm Performance[J].Journal of Financial Economics，53（1）：113-142.

VAFEAS N，2000.Board structure and the informativeness of earning[J].Journal of Accounting and Public Policy，19（2）：139-160.

WARNER J B，WATTS R L，WRUCK K H，1988.Stock prices and top management changes[J]. Journal of Financial Economics，20（20）：461-492.

WANG J L，JENG V，PENG J L，2007.The impact of corporate governance structure on the efficiency performance of insurance companies in Taiwan[J].The Geneva Papers，32（2）：264-282.

WEISBACH M S，1988.Outside directors and CEO turnover[J].Journal of Financial Economics，20（88）：431-460.

WILLIANMSON O E，1988.Corporate Finance and Coporate Governance[J].The Journal of Finance，43（3）：567-591.

WU Y l，2000.Honey, I shrunk the board[R]. Working Paper, Universitu of Chicago.

YERMACK D，1996.Higher Market Valuation for Firms with a Small Board of Directors[J].Journal of Financial Economics，40（2）：185-211.

后　记

本书在我博士论文基础上略作修改而成。因论文选题对我国保险公司治理具有较强的现实针对性，在2015年博士论文定稿时就有了将其呈献给读者的想法。但考虑到论文只是从董事会特征展开分析，而缺少股权等方面的分析，所以就打算在增加股权研究内容后再出版，但因工作较忙并未能就股权内容展开研究。一晃三年过去了，今年所发生的险资举牌、保监会接管安邦等众多事件表明我国保险公司治理任重道远，而董事会又是保险公司治理的核心，所以再次萌生了将此文出版的想法。回首博士论文写作过程历历在目，现仍以当时写作的后记作为后记，以示对我的老师、领导、同事、同学的感谢。原文后记如下：

从开始着手论文资料的整理，到今天论文定稿，前前后后历经一年有余。回首博士阶段读书历程，感觉收获颇丰。

回首过去的三年，人生在不断地充实，同时也切实感受到了自己与他人存在的巨大差距，无论是理论还是方法。无比荣幸的是，能够师从剧锦文研究员攻读博士学位。剧老师是一位伟大而无私的老师，无论工作多么繁忙，每周总是在固定的时间给我们授课，传道授业解惑，指引我们正确前行。无论什么时间，剧老师总是能够通过电话耐心指导我们。剧老师认真负责、治学严谨的态度时刻鼓舞着我不断前进。从博士论文选题开始，剧老师和我就在反复讨论选题的方向、内容与意义，确定了保险公司董事会治理之后，剧老师又数次与我沟通思路和逻辑，为我指明方向。在初稿写作期间，剧老师通过面谈和电话的方式不断为我解疑答惑，大到文章的逻辑架构、章节安排，小到概念的界定、遣词造句，每老师都是认认真真、一丝不苟。从初稿、二稿、三稿直到最终的定稿，剧老师每次都不辞劳苦、以高度负责的态度给予指导。在此，对剧老师表示衷心的感谢。剧老师，您辛苦了！

论文的完成也得益于各位同事、同学的热心帮助。感谢中国社会科学院经济研究所韩超华研究员、刘小玄研究员、赵农研究员、王震研究员和杜创研究员对本书提出的众多有建设性的指导意见。感谢王红领研究员在我学习期间给予的大力指导；感谢陆桦老师在这三年里为我学业的完成所提供的众多帮助。在论文写作过程中，因我本人经济计量理论与方法知识的欠缺，山东大学（威海）商学院白锐锋教授、刘喆博士多次长时间为我进行理论讲解和手把手的方法指导；张建波教授、陈学胜博士、刘丹丹博士、张爱荣博士都从研究方法、思路上给予诚恳的建议和帮助；中国社会科学院研究生院博士研究生郑延冰、包晓光等及管建强博士也对论文提供了建议和帮助。除此之外，还有众多的同事、同学都给予了我极大的帮助，不再一一列举，在此向各位奉上我的感恩之心。

我还要郑重感谢我的父亲母亲，我的父母虽然是地地道道的农民，但是他们认准了唯有读书方可进步，他们起早贪黑在田间劳作、他们省吃俭用从口中节省出每一分钱供养我们弟兄读书，正是他们的不断鼓励，我才能有信心考取并攻读博士学位，实现了我自己的梦想，也圆了父母的期望。在博士研究生三年期间，我的妻子徐妮女士给我提供了巨大的支持，她在工作之余，承担起了照顾孩子生活、辅导孩子学习的重任；感谢我的女儿凌杰一给我带来的学习动力与快乐的心情；感谢我的岳母对我学习、工作和家庭的大力支持。

"宝剑锋从磨砺出，梅花香自苦寒来"。学术之路注定辛苦，要耐得住寂寞、守得住清净、坐得了冷板凳才能成功。展望未来，我相信，"锲而不舍，金石可镂"！

凌士显

2018 年 3 月 1 日凌晨于威海